逻辑与智慧人生系列主编　黄华新

沟通的窍门

语用逻辑的应用

黄华新　陈宗明　洪峥怡　编著

中国出版集团　東方出版中心

图书在版编目（CIP）数据

沟通的窍门：语用逻辑的应用 / 黄华新，陈宗明，洪峥怡著. 一上海：东方出版中心，2023.5
ISBN 978-7-5473-2193-5

Ⅰ. ①沟… Ⅱ. ①黄… ②陈… ③洪… Ⅲ. ①心理交往—语言艺术 Ⅳ. ①C912.13

中国国家版本馆 CIP 数据核字(2023)第 081250 号

沟通的窍门——语用逻辑的应用

著　　者　黄华新　陈宗明　洪峥怡
策划编辑　潘灵剑
责任编辑　李梦溪
装帧设计　钟　颖

出版发行　东方出版中心有限公司
地　　址　上海市仙霞路 345 号
邮政编码　200336
电　　话　021-62417400
印 刷 者　山东韵杰文化科技有限公司

开　　本　890mm×1240mm　1/32
印　　张　9.125
字　　数　146 千字
版　　次　2023 年 5 月第 1 版
印　　次　2023 年 5 月第 1 次印刷
定　　价　48.00 元

目 录

直说篇

曲说篇

序章　沟通是一门艺术

人之相知，贵相知心。

——李陵《答苏武书》

一、沟而通之

沟通的本义是指在相邻的两水之间挖一条沟使两水相通。我们所说的“沟通”自然不是“挖沟”的意思。我们的意思是说，沟通是人与人之间思想感情的交流，沟通的目的是达成思想的一致和感情的融通。

寿剑刚在2022年12月出版的《闲思杂忆》一书中，专文讨论了“如何提高你的表达能力”，他认为，“思想性是魂，逻辑性是纲，艺术性是韵。一个好的表达，必然集思想之美、逻辑之美、艺术之美于一身”。我们从语用逻辑的视角来探讨沟通的方式方法，上述“三性”“三美”无疑都是关键要素。让我们从两个实例说起。

安德烈·波切利，一个出生于意大利托斯卡纳的男孩，自出生就患有严重的青光眼，12 岁时，在一次踢足球的意外后他彻底失明。但后来，他成了意大利著名男高音歌唱家，被誉为最令人赞叹的音乐天才、“世界第四大男高音”。

2007 年秋天，在他的 49 岁生日宴会上，波切利凑近父亲的耳朵，轻声说：“我要感谢我的父亲！你的耳语改变了我的人生——37 年前是你凑在我耳边说：‘小家伙，别气馁！这个世界属于每一个人。虽然，你看不见你眼前的世界，但是，你至少可以做一件事，那就是，让这个世界看见你！’后来，我有过多少次责怨、气馁和胆怯，这句话就在我耳边回响了多少次……”

在这个感人至深的故事中，父亲与儿子之间无疑完成了一次成功的沟通。父亲通过“你”与“世界”关系的对换，让看不见世界的儿子拥有了一个“被世界看见”的理想，带给了他走出不幸命运的勇气，而作为听话人的儿子也理解并接受了这句话，并用此后的成就证明了这次沟通的意义。

第二个例子：

2022 年岁末，全国正处于漫长抗疫的转折点，许多人经历病痛的困扰，在迷茫与焦虑中徘徊，但也开始对未来抱有无限的希望。在这样一个特殊的时刻，之江实验室主任为所有成员送上了一篇令人动容的新年致辞。

> 新故相推，岁序更替，提笔迎新之际，快乐二字却很难落得下去。因为我知道，很多同事都在忍受着病魔的煎熬，还在牵挂远方亲人和朋友。时局之艰，平生未见。在此，道一声珍重，愿我所有同事和你们的家人平安！愿祖国山河无恙，国人健康！……“追风赶月莫停留，平芜尽处是春山。”新的一年，困难和希望同在，磨砺中我们会更加坚强。山海揽于虚怀，乾坤自在心间，蓄起破晓光明，照亮未知之境。让我们一起唱着之江之歌，迎着新期盼，前行！

它以时局开篇，以希望收尾，最后以新创作的《之江之歌》作结。虽然以献词这种单向输出的形式出现，但实质上完成了一次高质量的双向沟通。它既体现了全局的关照，又体现了自身的特色，在为开启新征程注入力量的同时，唤起了时代的使命感和团队的归属感。

这些都是生活中鲜活的沟通实例，通过这些例子，我们可以看到，一个成功的沟通总能恰到好处地展现其思想、逻辑和艺术价值，带来强大的力量和深远的影响。

总体而言，沟通有三个要素：① 要有一个明确的沟通目标；② 内容包括沟通的信息、思想和情感；③ 达成共同的协议。所谓成功或有效的沟通就在于实现这三个要素，沟而通之。

在波切利父亲与他的沟通中，父亲的目标是明确的：让儿子从失明的打击中振作起来。父亲理解儿子当下的悲伤和恐惧，艺术性地使用反向思维，让儿子充满希望和勇气。最终，波切利也做到了“让世界看到自己”。

新年献词中，实验室主任与全体工作人员的沟通目标也是明确的：在新的一年中，承载着新的期盼再次出发，直面困难与挑战，持续产出具有原创性、引领性的科研成果，做出更大的贡献。重要的是，这些期望和要求被代入具体的时空语境，与2022年岁末的时间背景和之江实验室的主体语境深入融合，产生了远胜于泛泛而谈的独特效果。

从语用逻辑应用的角度来说，有效沟通不能不充分考虑主体和场景等因素。其中至少应关注如下几个方面的问题：

第一，沟通的基本环节是表达和理解，传递者把自己的思想感情（意思）组织成话语发送出去，这是表达；接收者从这些话语中明白了对方的思想感情，这是理解。在运用语言进行沟通的过程中，双方都有一个“顾及彼此，相互照应”的要求，否则难免表达失当。顾及自己，就是言谈举止要切合自己的身份、职业、思想修养等。比如，身份是说话者在社会或家庭中的政治经济地位或人际关系中的地位。身份不同,使用语言的特点就不一样,说话合身份就得体,否则就不得体。顾及他人,则是要求语言表达必须切合实际对象的特点,表达和理解尽管是传受双方的信息互动,但表达的目的毕竟是使对方理解或者接受自己的意图,因此要"看人下菜""量体裁衣"。

第二,沟通既要适应场合,又需符合时机。沟通总是在一定时间和场合中进行的,要使沟通取得良好的效果,首先就应当依据一定的空间条件和场合特点去选择语言表达手段,确定话语的总体结构、规模和想要传递的适当信息。所谓"到什么山上唱什么歌,看什么场合说什么话",讲的就是这个意思。时间因素上的考虑主要涉及如下三点:一是人们的语言表达应当与特定的时代、特定的历史阶段的氛围相适应;二是在具体的语言表达中也要"因地制宜""随机应变";三是应尽量避免因忽视不同时间参照点而造成的时态谬误。

第三,紧扣沟通的目的和意图。从宏观的角度讲,语言表达要符合理想沟通的总体目标,无论是语言要素的选择、表达手段的运用,还是交际方式、传播媒介的运用,都必须充分考虑信息、感情、态度、行为四个层面上的有效性,从而为沟通思想感情、达到预期语效这个总目标服务。从微观的角度看,人们的语言表达都要紧紧扣住沟通的主题和意图的需要。为此,一是要求表达者在具体的沟通过程中,注意切合某一具体的人际关系中的处境,如师生关系、顾主关系、朋友关系、夫妻关系,等等。二是要求表达者在使用语言时注意切合对方的心境。每个人的心境是复杂多变的,它和人的其他方面的情况(如经历、气质、素养、处境等)有着密切关联,因而呈现出各种微妙曲折的状况,并制约着具体的沟通过程。这些想法与前面提到的第一个要求有联系,但这里我们主要是基于人际沟通的关系视角和心理层面来考虑的。

沟通是人际间交往的无价之宝。美国石油大王洛克菲勒说:“假如人际沟通能力也是同糖或咖啡一样的商品的话,我愿意付出比太阳底下任何东西都珍贵的价格购买这种能力。”由此可见沟通对于人生和事业成就的极端重要性。

二、沟通之难

(一) 亲人之间

亲人之间由于血缘关系,“血浓于水”,或者婚姻关系,爱的力量无限,沟通比一般人际关系之间更为畅达,“天伦之乐,其乐融融”。亲情乃“天下第一情”,亲人沟通往往是一种默契,“心有灵犀”,甚或存在某种“心灵感应”,往往不“沟”自“通”。

然而"成也萧何败也萧何",亲人之间沟通之难也就难在一个"情"字。世上的事情无非"情""理"二字,"情"是"理"的对应面,亲人之间有时"情"太重难免"理"就轻了,于是形成沟通障碍,成了难题。有人说"别跟老婆讲道理",老婆看重的是情,才不在乎什么"理"不"理"哩! 如果非要跟老婆"讲理"不可,那婚姻可就到崩溃的边缘了。

亲人之间往往由于至亲而放纵,"情"屏蔽了"理",以致沟通受阻,成为难题。比如"角色滥用":"我是你老子,我的话你敢不听!""我是你老婆,咱俩谁怕谁?""你是我父亲,我不找你要钱找谁要钱?"又如"诉诸感情":"我都是为你好,那还有错?!""我就你一个亲人,你不帮我谁帮我?"再如妻子撒娇,孩子耍赖,"嗯嗯,我就是要嘛!""不,就是'不'嘛!"再如"迁怒",有人在外面受气,回家里发火,无辜的家人成了"出气筒"。在这些情境里,一切无理都成了"有理",交际准则荡然无存,理性沟通软弱无力,作为亲人往往一筹莫展,无可奈何。

此外,由于亲人接触频繁,失却距离美,难免产生矛盾,甚至形成隔阂;由于年龄差距,往往形成"代沟",增加了沟通的困难;亲人之间也是人际关系,也难免存在某些利害冲突。而且,由于亲人关系不可选择,矛盾又无法回避。所有这些也都会形成沟通障碍,增加沟通的难度。

亲人沟通之难，其表现千差万别，难以尽述。这里最具特征性的，有以下三种类型，分别进行一些讨论。

1. 婆媳不和

“婆媳不和”是长辈和小辈之间矛盾的典型表现。由于婆婆和媳妇的特定关系而又各有自己的立场和“道理”，如果互不相让，于是就成了世世代代传统的沟通难题。当然，长辈和小辈之间的沟通难题也会出现在父母与子女、岳父母与女婿等等之间。

2. 兄弟阋墙

成语“兄弟阋墙”的通俗解释就是“窝里斗”，是同辈之间矛盾的典型表现。兄弟本应该“情同手足”，优势互补，如果协力同心，“黄土成金”，可以办成许多大事；如果沟通成了难题，难免两败俱伤，伤情、伤心，乃至身心俱疲。就因为是兄弟，解决问题才是那么难啊！当然，同辈之间沟通难题也会出现在姐妹、妯娌、姑嫂等之间。“尖嘴小姑”，也是常见的矛盾表现。

3. 夫妻战争

一对恋人步入婚姻殿堂成了夫妻，恋人转化为亲人。结婚之后，在“锅碗瓢盆交响乐”的日常生活中难免磕磕碰碰，而问题在于夫妻间出现了沟通障碍,会导致夫妻战争。战争中有的吵吵闹闹,甚至拳脚相加,是为热战;有的冷面相对,终日无语,是为冷战。有的河东狮吼,妻子霸道;有的大男子主义,丈夫专横。有的表面相敬如宾,实际同床异梦;有的成天唇枪舌剑,倒可能是一对棒打不散的鸳鸯。“别跟老婆讲道理”,如果不讲道理,那又该怎么办呢?

“谁家没有难念的经”,亲人沟通难题存在于每家每户,而“清官难断家务事”,外人又难以帮忙。这就使得亲人沟通难上加难。

(二)工作关系

在现实生活中,人们离不开工作,因为工作是家庭幸福的保障。然而工作并不总是那么轻松愉快,往往会遇到许多难题——许多沟通的难题。比如在工作中,你需要和你的上级下级、相关部门,以及工作对象之间进行各种不同层次的沟通,却往往由于某种或某些原因出现沟而不通现象,形成沟通之难。这里举其要者如下:

1. 上下级之间

上下级之间的关系理应是和谐的合作共事的关系,然而在工作实践中往往并非如此。有的领导只以身份、地位论事，对下属意见不屑一顾。当需要召开会议讨论某件事情的时候，上级的耳朵会选择性地听取意见，先入为主地把少数几个人的意见当成真知灼见，以致大多数人的意见可能完全被忽略。他们根本容不下不同观点、不同意见。如果有哪个下级敢于站出来挑出他的瑕疵、弊病，那就是“逆龙鳞”，就是“不给面子”，跟领导不能保持一致。因为领导的指示总是绝对正确的，你有怀疑只能说明你水平不行。长此以往，怎能不让下级失去工作的积极性！

可是上下级关系不协调的责任果真都是上级“不民主”之错吗？其实某些下级工作不力，或者阳奉阴违，甚至另搞一套，也会造成工作损失。这些也都与沟而不通有关。

2. 同事之间

俗语说：“一个篱笆三个桩，一个好汉三个帮。”同事之间理应互相帮助，合作共事，可在现实中这一点往往难以做到。同事之间由于经历、立场、观点等方面的差异，对同一个问题往往会有不同的看法，引起一些争论，一不小心就会伤了和气。有的人对于同事的缺点不能当面指出，喜欢背后说三道四，说风凉话。这样时间一长就容易形成沟壑。同事之间有时也存在竞争，既然有竞争，那就会有干好干坏之分，干得不够好的一方心理上一时不平衡，也难免形成同事间的芥蒂。一些同事平时一团和气，但在遇到利益冲突时，比如涨工资、升职升级，就当“利”不让，闹得无止无休。还有一种情况，在一个单位，几个人所谓“臭味相投”，频繁交往，形成利益小圈子，破坏了整体的团结合作。总之，同事之间难免磕磕碰碰，如果不能正确对待，及时沟通，容易扩大矛盾，影响正常工作。

3. 工作人员与工作对象之间

国家干部对于人民群众是“全心全意为人民服务”的关系，领导干部不同于从前的“官”，所谓“父母官”“为官一任，造福一方”的说法都是不恰当的，国家干部与人民群众之间的矛盾属于人民内部矛盾。教师是“灵魂工程师”，“教不严（严格，非‘严厉’），师之惰”，师生关系的主导者是教师，然而“人过一百，形形色色”，教师也难免与学生发生矛盾冲突。医生被称为“白衣天使”，患者是“天使”的服务对象，医患矛盾似乎也应从医患双方作具体分析。“顾客是上帝”，顾客是商家的服务对象。有人说：“当你使出浑身解数，口干舌燥后，才发现他根本不是‘真正客户’。”商家与顾客之间也存在这样那样需要解决的沟通问题。

（三）朋友之间

朋友似乎是一种“缘分”，有点儿“神秘”：怎么会在茫茫人海中偏偏遇到他，偏偏认识了他，又偏偏乐意和他交往？非有缘而何？

然而人是复杂的，每个人都有很多面，即使再单纯的人，也可能有你看不到的另一面。两个朋友再知心，也不等同于性格完全相同，所以有时候意见不同，性格里有对方不能接受的东西，争论也是难免的。有的人无意之中办了坏事，或者造成了误会，都有可能伤害朋友。有的人做错事却不肯认错，反而一直觉得自己无错，错的是对方；有时候即使意识到自己错了，也因为太重面子而不愿意承认，就会在彼此心里形成隔阂，友谊从此画上句号。

如果友谊画上句号也就罢了，做不成朋友也不必就是“冤家”。可是有人偏偏没事找事，常常含沙射影，攻击对方，这就属于无理取闹了。朋友间的矛盾往往是从小事开始的，而真正的好朋友或者知己是不会在小事上纠结的。如果你跟谁在小事上产生解不开的矛盾，至少说明你们的关系并没有那么好。

鲁迅说：“人生得一知己足矣。”如果在你的生活中有一两个知心朋友就相当不错了。大多数的朋友，都是介于知己和一般朋友之间的。一般朋友因为了解不多，交流少，更容易产生误解和矛盾。很多时候，朋友间的矛盾是语言惹的祸。有的时候，自己觉得相熟，就说话随便，不考虑对方的感受；情绪不好时随意向对方发泄,语言激烈,甚至爆粗口。这些都不会赢得朋友的理解,而是会让他人觉得特别难以接受,以后就敬而远之。

三、沟通之桥

人与人之间,特别是亲属之间的沟通难题往往会造成严重的后果。比如婆媳不和,轻则影响家庭的和睦气氛,给第三方——婆婆的儿子兼媳妇的丈夫平添烦恼,重则棒打鸳鸯,母亲逼儿子休妻,如陆游之于唐婉,《孔雀东南飞》中的焦仲卿之于刘兰芝。兄弟阋墙轻则削弱了"打虎还得亲兄弟"的合作力量,重则造成兄弟反目,甚至对簿公堂,亲情遭到扭曲。夫妻战争轻则影响家庭的和谐与幸福,重则彼此伤害对方的感情,最终劳燕分飞。

亲人沟通难题不仅需要解决,而且也有解决的有利条件:亲人之间毕竟"血浓于水","夫妻没有隔夜仇"。更重要的还在于爱的力量,爱可以融化冰山雪海,自然也可以解决沟通的难题。

至于亲情以外的沟通也克难有方。其实人世间无非"情""理"二字,如果能够"动之以情,晓之以理",同样可以融化冰山雪海,克服沟通之难。

解决沟通难题,下述方法虽属一般,但如果肯在“情”“理”二字上下功夫,沟通的功效自然显现。

1. 了解

解决沟通难题当从了解开始,没有对对方的了解就不存在有效的沟通。可是你了解对方吗?比如对方此刻在想些什么?其反对或辩解的理由何在?这些理由成立吗?对方了解你吗?对方有什么苦衷和难言之隐?对方的性格特征和思维习惯是什么?如此等等,了解越多,解决沟通难题越容易。比如婆媳或夫妻都有一方来自另外的家庭,彼此间毕竟知之不多,需要相互了解,即使亲生的孩子、同胞兄弟,或者老夫老妻,或者多年同事,或者生死之交的朋友,每个人的思想感情都仍在变化,需要随时了解。

了解的方法,一是倾听,二是体悟。对方的陈述,即使在暴怒或哭泣中的话语,也往往能提供你所需要的信息。千万不能意气用事,拒绝对方倾诉;千万不要在“了解对方”的假设中争论。对亲人的了解除倾听以外,还需要体悟,用心去体悟对方的“情”,当你体悟到对方真正爱你的时候,以往许多推论都可能被推倒重来。

真正了解对方绝不是一件容易的事情,甚至数十年同床共枕，到头来还觉得对方非常陌生。有一篇文章说“女人是一本读不懂的书”，弗洛伊德说得更绝：“没有人会比我更了解女人，但我对她们一无所知。”然而作为丈夫，你必须了解女人，了解作为女人的妻子，读懂“妻子”这本书。只有了解妻子，才会同妻子有很好的沟通。推而广之：只有了解你的亲人、朋友、同事，甚至相关的陌生人，你才会同他们有很好的沟通。

2. 理解

理解不同于了解。有一个关于教育家苏霍姆林斯基的故事说，学校的花园里开出了一朵极大的玫瑰花，每天都有很多人前来观赏。一天早晨，校长苏霍姆林斯基发现一个 4 岁左右的小女孩摘下了那朵玫瑰花，正拿在手里往外走。如果是常人，作为老师或者长辈，此时应该会说“要爱护公物啊，花园里的花不能攀折，这是公德”。但他却拦住孩子，先问了一个开放性的问题：“孩子，你摘这朵花是送给谁的呀，能告诉我吗？”小女孩有些羞怯地说：“我奶奶病得很重，我每天都陪着她说话。我告诉她，学校的花园里有一朵非常大的玫瑰花，奶奶就是不相信。我现在摘下它送给她看看，看过了我就把它送回来。”听了小女孩天真的回答，苏霍姆林斯基牵着小女孩的手又回到了花园里，摘下第二大的那朵玫瑰花对她说：“一朵是奖励给你的，因为你有充满爱的心灵；另一朵是送给你奶奶的，感谢她养育了你这样的好孩子。”这就是一种理解。

理解的关键在于换位思考，只有把自己当成对方，从对方的立场上思考问题，才能理解对方。在你和对方沟而不通的时候，你会觉得对方无理取闹，甚至不可理喻，可是当你换个位置，以对方为中心进行思考时，你就会为对方找出许多理由，感受到对方并非无理，自己也并非完全正确。所谓“善解人意”，就是善于换位思考，从而减少沟通中的不快和误解，提高沟通的质量和效率。

心理学上有一个比“换位思考”更为深刻的概念叫作“共情”（empathy），意思是说，听话人能够体验说话人的精神世界，就好像那是自己的精神世界一样。爱是亲人的“天性”，亲人间的“共情”就是进入对方爱的世界，感受爱的甜蜜。果能如此，那一桩桩一件件有情之事就会跃然眼前，于是你心生顿悟：原来世界竟是这等美好！这回你真的理解了对方，从而消除了沟通障碍，重现和谐的美妙境界。

3. 谅解

谅解是在理解基础上的一种行为：宽容对方对自己的伤害。在现实生活中，如果对方真的伤害了你，那么你能够不计前嫌，以德报怨，而不是以牙还牙，甚至加倍报复对方，这种宽容就是“谅解”。

有一个故事，说的是一个精神病人开枪射杀了他主治医生的三个如花似玉的女儿，而医生还是为他治好了病。这位医生源于崇高的职业道德，能够宽容没有血缘和婚姻关系的患者，那么对于来自亲人或友人的伤害，我们又有什么不能宽容、不能谅解的呢？不愉快的过去就让它过去，不必耿耿于怀，老是记在心里，挂在嘴上。

我们人人都会犯错，如果你有意或无意间伤害了别人，别人对你不谅解，那你会有什么样的感受呢？如果对方宽宏大量，不计前嫌，那么彼此就会和好如初，亲人还是亲人，同事还是同事，朋友还是朋友。

以了解、理解和谅解来解决沟通难题，我们称之为解决沟通难题的“三板斧”。一般说来，“三板斧”可以扫除沟通障碍，实现有效的交际。

不过，对待亲人间沟通的特殊难题，如果三板斧不灵，那么还有第四板斧：改变自己以适应对方。

4. 改变自我

“改变自我”，一般使用于亲人之间，特别是夫妻之间。“山不过来我过去”，在对方不配合的情况下，改变自我以适应对方也不失为一种方法。比如家庭琐事往往这样也可那样也行，没有什么绝对的对错，因而不必较真，不必固执己见。你不愿听我的,那我就听你的。为了爱,为了家庭和谐,适当的放弃是一种美丽。

夫妻之间贵在彼此尊重,尊重对方应是沟通的一条原则。改变自我以适应对方,就是对对方的尊重。漫画家丁聪说:"不是她的错,都是我的错;就是她的错,也是我的错。此话没有错。"这段有点儿自我揶揄的名言,道出了亲人沟通的一个普遍真理:尊重对方,不较真对错。

改变自己以适应对方,体现了最大程度的包容。人们常说,爱就要包容对方的一切,包括对方的缺点。爱,不应当想着改造对方,而是适应对方。爱的最高境界是习惯。当你习惯了一个人生活中的习惯,你就爱上对方了。一个女人习惯了一个男人的鼾声,习惯了他衣服上的烟草味,习惯了他半夜起来看足球,这就是爱。一个男人习惯了一个女人的任性、撒娇,甚至无理取闹、无事生非,这就是爱。一个人会为另一个人去改变,去迁就,这就是爱。爱情的哲学有时候就这么简单。

以上方法一般说来效果不错,可以解决沟通难题,但也并非普遍有效,永远有效。因为砍下"四板斧"并不容易,就连程咬金也只能砍三板斧,到第四板斧就软弱无力了。四项中除"了解"属于一般认知操作以外,其余三项都与沟通者道德情操的素养有关。比如理解需要转换立场,谅解需要极大的宽容,至于改变自我更需要长期的修炼,绝非一蹴即成。况且,似乎这第四板斧并不公平：凭什么我要迁就你？就是因为你是我的长辈，你是我的另一半？“傲梅逊雪，三分只有三分”，迁就一两次还可以，凭什么老是我迁就你，迁就你一辈子？是我上辈子欠你的吗？

那么根本问题何在？在于沟通应该是双向互动的认知和行为过程，不是单向行为完全解决得了的。了解、理解、谅解和改变自我都属于单向解难方法，如果另一方就是不买账，蛮不讲理，死缠烂打，即使有效解难也往往不能持久。当然办法总是有的，比如分家，脱离亲人关系，离婚，惹不起还能躲不起吗？可是这些办法成本太高，付出代价太大，不到万不得已的时候是不可以采用的。

解决沟通难题的最好方法是使沟通双方互动起来，共同解决难题。那么，怎样才能使得双方互动起来？比如亲人之间建立一些共识，规定几项准则：

(1) 互相尊重，不要滥用亲人角色；

(2) 有话好好说，不要动则发脾气；

(3) 要讲道理，不要滥用感情；

(4) 就事论事，不要旁生枝节；

……

估计这些准则容易得到共识，可是这都是一些软规则，比如什么是“不尊重”呢？什么是“有话不好好说”呢？谁来做出判断？当然可以应用“隶属度”理论，划出各个项目的“度”，可是又由谁来判定是否超过“度”了呢？总之，困难多多。

亲人沟通是个大课题。“齐家治国平天下”从亲人沟通做起；实现社会和谐，首先应当实现家庭和谐。亲人沟通既然是个大课题，那就应当引起更多人的关注，尤其需要哲学家、伦理学家、心理学家、社会学家以及人类学家投入更多的关注，共同解决这一难题。

这一节的话题是“沟通之桥”，沟通须有桥梁。那么什么是沟通的桥梁呢？是语言吗？好像人际间的沟通都是通过话语来进行的。然而不是。沟通之桥不是语言，语言只是沟通的工具。比如你过河，可以步行，可以坐船、坐汽车或者火车，这轮船、汽车、火车都是工具。即使步行也有“工具”，那就是你的两条腿。那么什么才是人际沟通的桥梁呢？沟通之桥不是别的，就是前面所说到的“理解”。没有理解就没有沟通，这是显而易见的事实。沟而不通也不算沟通，只有对方理解了——“沟而通之”才是沟通。

在当下的数字化、智能化时代，沟通的主体、场景和方式正在发生前所未有的重大变革，人际沟通和人机沟通已经成为现实生活世界的新常态，人机之间如何双向赋能也成了多学科共同关注的热点课题。特别是最近由美国开放人工智能研究中心研发的 ChatGPT 这款 AI 聊天机器人程序，它那种“有问必答、有求必应”的崭新模式，引发了社会大众的广泛关注和极大兴趣。梳理人际沟通与人机沟通的关联与差异，探讨机器如何更好地促进高效沟通，诸如此类的问题，正在逐步成为社会各界普遍关心的热门话题。

直说篇

第一章　话语沟通模式

语言是上帝赐予人类表达思想的工具。

——莫里哀

一、人为什么要说话?

(一) 为了沟通

人为什么要说话?为了沟通。人们说话就是应用语言来沟通彼此之间的思想感情,实现统一的意志。

法国作家莫里哀说:“语言是上帝赐予人类表达思想的工具。”为此我们感谢上帝。可是上帝又做了另一件事情,我们听了以后是不是还感谢他老人家呢?请看《圣经》里的一个故事:

我们的先人要建造一座城和一座塔,塔顶通天,免得父老乡亲分散在各个地方。由于大家语言相通，同心协力，很快就建成了巴比伦城，繁华而美丽；正在建的高塔直插云霄，似乎要与天公一比高低。

没想到这件事惊动了上帝。上帝心想：如果人类真的修成宏伟的通天塔，那以后还有什么事干不成呢？一定得想办法阻止他们。于是他悄悄地离开天界来到人间，改变并区别开了人类的语言，使他们因为语言不通而分散在各处，那座塔终于半途而废了。

高塔中途停工，这在宗教的教义中具有象征的意义，表示人类狂妄自大最终只会落得混乱的结局。

当然，莫里哀说语言是上帝的赐予，意在强调创造语言的伟大意义，语言并不是上帝“赐予”的，语言是人类的伟大创造。

语言是人类的创造，只有人类才拥有真正的语言。许多动物也能够发出一些声音来表达自己的某种情绪或者在群体中传递信息，但动物的这种能力极其有限。只有人类才会把无意义的语音按照各种方式组合起来，构成有意义的话语，用无穷变化的话语来表达变化无穷的意义。

语言的功能是沟通，也就是沟通彼此间的思想感情，进行人与人之间的交际，所以我们说语言是沟通的工具。语言丰富多彩，变化无穷，歌唱家用语言唱出优美动听的歌，艺术家用相声逗我们开怀大笑，老师用语重心长的语言教导学生，情侣用甜言蜜语诉说绵绵情话，爷爷奶奶用简单朴素的话语回忆以往的岁月时光。语言拉近了人与人之间的距离，沟通了彼此间的思想感情。语言沟通使人们增长了知识，学到了许多本领，让生活更加丰富、精彩。总之，语言与人类的生活息息相关，语言无时不在、无处不在，语言是我们不可或缺的好朋友。

人际沟通是思想的沟通，而思想则是思维的产品。语言不仅是沟通的工具，同时也是思维的工具。婴儿降生之初只会用“感知—运动”的方式来表达自己的诉求，比如饿了就用啼哭的方式呼唤母亲给他喂奶。随后，“感知—运动”发展为表象思维。表象是事物不在面前时，人们在头脑中出现的关于事物的形象，用表象进行思维，也叫作形象思维。待婴儿的语言产生之后，其进一步发展即是语言思维。我们成年人差不多一天到晚都在用语言进行思维，甚至睡梦中还在思维。这思维的产品就是人们用来沟通的“思想”。正如马克思所说，语言是思维本身的要素，是思想的直接现实。

（二）沟通“小词典”

在人类的沟通中，有几个词语与“沟通”关系密切，它们中的某些词义彼此间相通而又相异,应用上需要我们注意区分,以免用词不当。

这些词语是:

1. 沟通与交际

“沟通”和“交际”好像意思差不多,我们说“交际”的时候似乎换成“沟通”也行。其实两者是有区别的。词典说:交际是人与人之间的往来接触,交际是一种社交行为;沟通是使两方能通连,比如沟通思想,沟通两国文化,我们不好说“交际思想”“交际两国文化”。但沟通确实是交际中的一个重要内容,但交际比沟通的意义更为宽泛。比如逢场作戏是一种交际,并不在于沟通。

2. 语言和言语

思想的语言表达称为“言语”。语言有别于言语:语言以语音为物质外壳,以词汇为建筑材料,通过语法结构规律构成符号体系。语言具有民族性,比如汉语、英语、日语、阿拉伯语等。言语是人们的语言实践,属于说话人的个人行为。比如张三的言语、李四的言语等。我们说“语言沟通”,实际上只是在“工具”的意义上说的。如果就沟通中的个人行为而言,应当说成“言语沟通”,“语言交际”也应当说成“言语交际”。

3. 话语

同“言语”相关的语词是“话语”。话语是人与人之间从事沟通的具体言语形式,即一定的说话人与听话人在特定的语境中通过话语而展开的沟通活动,包括说话人、听话人、传达、语境等要素。

同“话语”相关的语词是“话语权”。话语权指的是说话权,即控制沟通过程的权力。话语权具有信息传播主体的潜在的现实影响力,在当代社会思潮中,话语权是指影响社会发展方向的一种能力。

4. 传达

传达是指话语“出说话人之口,入听话人之耳”的过程,也就是从表达到理解的过程。传达总是在特定的语言环境中进行的。

5. 文字

人类在创造了语言之后又创造了文字。语言属于听觉形式,文字是语言的视觉形式。文字的发明,古人认为是一件了不起的大事,《淮南子》说“昔者仓颉作书而天雨粟,鬼夜哭”,生动地表现了创造文字的伟大和神奇。

人类创造了文字,克服了有声语言的沟通在时间和空间上的局限,使一发即逝的语言可以“传于异地,留于异时”,让远隔千山万水的人也可以通过“书面语”相互沟通。语言的创造是人类第一个里程碑,它让人类同动物界区分开来;文字的创造则是第二个里程碑,它使人类由原始社会进入文明社会,或者说从史前时期进入有史时期。

6. 语商

同智力和情感存在商数“智商”“情商”一样,在语言沟通中也存在“语商”。语商(LQ)是指一个人学习、认知和掌握运用语言能力的商数。具体地说,它是指一个人在语言沟通中的应变能力。“语商”是一个新词。

实际的语言使用能力并不是与生俱来的,而是人们通过后天学习获得的技能。在现实生活中,由于每个人的主客观条件、花费时间和学习需求的不同,语言习得的快慢和高低也是不同的。实践证明了语商主要还是依赖在后天的语言训练和语言沟通中得到强化和提升。例如,同样是说话,同样要表达一个意思,有的人“妙语连珠”,而有的人却“词不达意”。这就是语商的差异。假如一个人其他能力很优秀,同时他的语商也很高,那么他在从事各项工作中都会更加游刃有余,事业就会更加成功,人生也会更加丰富多彩。

二、一个简单的话语沟通模式

为了弄明白话语沟通的具体过程,研究者把话语沟通过程表示为直觉能够感受到的一个图式,这就是话语沟通模式。这种方法被称为图式化方法。

话语沟通模式是言语交际研究的重要内容,语言学家、符号学家、逻辑学家们都曾经给出过各种各样的沟通(交际)模式,目的是让读者们从千变万化的日常话语沟通中概括出话语沟通的结构、过程和规律,从而为人们的表达和理解提供有益的指导。

从周礼全的"语言交际图式"中,我们可以看到一个简单的话语沟通模式:

$$I\ (m_1) \rightarrow U\ (m_2) \rightarrow E\ (m_3)$$

| 表 达 | 理 解 |

图中的 I 表示意图,U 表示话语,m 表示意思,E 表示语效(语言表达的效果)。

这个简单的沟通模式分为前后两个过程:一个是说话人的表达过程,另一个是听话人的理解过程。这两个过程以后还

会有详细的讨论,所以这里只是简单地作一点儿解释:

1. 表达过程

说话人的每一次表达都有一个意图 I,也就是你为什么要同这个人说话,目的何在?你有了同说话人说话的意图,于是你就把你的意图(想法,即 I)用话语(U)组织起来,表示一个意思(m),可是你心里想的和实际说出来的话语意思 m 未必完全一样,所以图式中把想表达的“意思”m 表示为 m_1,把实际说出来的“意思”m 表示为 m_2,以示区别。

2. 理解过程

在沟通过程中,有说话人的表达就会有听话人的理解。说话人用话语 U 想表达意思 m_1,而实际表达的是意思 m_2。听话人则根据说话人说出的话语 U 来理解说话人所表达的意思 m_2,但听话人所理解的意思 m 未必跟说话人所表达的意思 m_2 相一致,所以图式中把听话人实际理解的意思 m 表示为 m_3。这也就是说话人说话语 U 的语效 E。

话语沟通是人与人之间交际最重要的手段。一般说来,由于话语沟通通常是双方轮番说话,说话人和听话人的角色也轮番变换。(说话人和听话人由于角色转换而形成的话语外部结构称为“话轮”。)在下一轮的沟通中原来的听话人变为说话人，原来的说话人变成了听话人。语言沟通的过程实际上就是从表达到理解的循环往复的过程。

下面有个实例，或许读者通过实例可以更容易弄明白上述模式的含义。

> 有甲乙二人在路上相遇。甲说“你好！”乙也回应一声“你好！”然后擦肩而过。

这是人们最常见，也最简单的一次沟通。看起来他们俩只是熟人，不能算是要好的朋友（朋友相遇，总会多说几句）。甲说话的意图 I 是问候，话语 U“你好”所传达的意思是说“你近来好吗？”乙理解了甲的意思 m，体现在乙的回答“你好”里面。语效 E 是一次成功的沟通。

甲说“你好”虽然只有两个字，但它是一个话轮；接下来乙说“你好”，也是一个话轮。乙说话的意图 I 也是问候，话语 U“你好”所传达的意思 m 也是说“你近来好吗？”甲也理解了乙的意思 m。乙的表达语效 E 也是一次成功的沟通。

下面再说一个相对稍微复杂的例子：

> 甲：阿兴，对不起！我刚才的话说重了。
>
> 乙：没关系。你的话很有道理。

甲的意图 I 是向阿兴道歉,话语 U“阿兴,对不起!我刚才的话说重了”所传达意思 m 跟意图 I 相一致。乙的回应表示了对甲的谅解,说明甲沟通的语效 E 很成功。

至于更复杂的沟通,读者不妨自己举一个或几个例子分析分析,这样可以加深对于上述沟通模式的理解和把握。

三、语　境

(一) 什么是语境?

语言是人类最重要的沟通工具,然而语言这个工具并非完美无缺,尽如人意。语言传达的意义并不总是那么确定:一个语句往往可以这样解释又可以那样解释;在客观上,它所表达的内容可能是真的,也可能是假的。这些就是语言意义不确定性的表现。

语言意义的不确定性自然会给沟通带来这样那样的困难。然而,语言意义的不确定性却未必会让语言使用者不能实现成功的沟通,未必会影响到沟通的效果 E。这是为什么呢?因为人们的每一次沟通都是在一定的语言环境之中进行的,语言环境具有消除语言不确定性的能力。一般地说,它不会妨碍人际间的正常沟通效果。

语言环境,我们简单称之为"语境"。

举个"小王晒太阳"的例子:

阳春三月,阳光明媚。

"小王,出去晒晒太阳罢!"

"好,咱们一起去晒晒!"

大家晒得暖洋洋的,自在极了。

这是一次正常的人际沟通,很成功。可是仔细一想,问题来了:是小王晒太阳,还是太阳晒小王呢?分明是太阳晒小王啊!

既然话语有问题,那么为什么大家都没有觉得这存在问题呢?其实这里有个语言环境,亦即语境问题。在汉语里,"××晒太阳",约定俗成,人人理解,不以为怪,所以在沟通中不存在问题。如果有人偏偏要说"太阳晒小王",那才会让人觉得奇怪哩!

语境在沟通中的作用是多方面的,具体说来,主要有以下几点:

1. 为指代词提供指示对象

指代词是指一些语句中包含的人称代词、指示代词、时间副词、时态助词等词语,含指代词的语句离开语境就无法确定它们的指示对象,因而也就无法确定它们的意思(m)。

电视连续剧《射雕英雄传》中有这样一个镜头:六岁的郭靖在蒙古大漠看见铁木真和他的部下追赶哲别的场面之后,回家告诉母亲。

郭　靖:对了,娘,我想学射箭。那个大叔的箭法准极了。

郭靖娘:你说什么呢?

郭　靖:有好多个大叔去打一个大叔,那个大叔就用箭瞄准,射中一个有胡子的大叔,那个有胡子的大叔呢,就跟着那些大叔去捉那个大叔了。

郭靖娘:我都不知道你说什么,什么大叔小叔的!

这里提到的"那个大叔"是指谁,"那个有胡子的大叔"是指谁,"那些大叔"又是指哪些人,尽管郭靖自己心知肚明,知道"那个大叔""那个有胡子的大叔"以及"那些大叔"的所指,但由于郭靖的母亲当时没看见那个场面,也没有与该场面相关的知识,因此,根本不理解"那个"和"那些"的所指,自然也就不知道郭靖所要表达的意思了。无疑,这次交流是失败的。当你知道具体语境的时候,这一切就都迎刃而解了。我们把包含"那个""那些"等指示代词的句子称为索引句(indexical sentence),而理解这类词所需要的相关知识和背景就是"语境"。

2. 补充说话人表达时删去的信息

人们在沟通过程中往往省略一些你知我知的信息，但对局外人来说，真的会被弄糊涂。可是当我们了解了具体语境的时候，你就会明白“原来如此”。例如：

我的女儿是男孩。

女儿怎么会是男孩呢？这太不可思议了。原来这是两个老太太在说自己女儿生孩子的事情。这句话完整的表述是说：“我的女儿生的是男孩。”语境中省略了“生的是”三个字。

3. 排除信息中的歧义现象

话语歧义是说一句话有不同的解释，如果离开语境就弄不清它的确定的意思。例如：

她看到孩子很高兴。

这句话有两种解释：一是“她看到/孩子很高兴”，孩子高兴；二是“她看到孩子/很高兴”，她高兴。究竟是哪个意思呢？语境会告诉你的。

4. 帮助听话人理解言外之意

例如：

> 甲对乙说："你真坏！"

乙是坏人吗？语境告诉我们：甲是乙的恋人。这句话确定的意思你明白了吗？

5. 确定话语恰当与否

例如：

> 柳絮飞来片片红。

在一次诗人集会上，一位诗人写下了上面的诗句，众人惊讶，这句话不恰当啊！柳絮飞来"片片白"才是。可是诗人继续写道：

> 夕阳方照桃花坞。

众人又一次惊讶：在"夕阳方照桃花坞"的语境里，"柳絮飞来片片红"果然绝妙好词，最恰当不过了。

6. 透露说话人企图掩饰的某些信息

例如《三国演义》中：

> 蜀后主刘禅归降司马昭，乐不思蜀。有人告诉刘禅：如果司马昭再问你是否思蜀，陛下可泣而告曰："先人坟墓，远在蜀地，乃心西悲，无日不思。"司马昭必定放陛下回去。当司马昭又问刘禅"颇思蜀否？"刘禅照这个人的话说了一遍，可是欲哭无泪，遂闭其目。司马昭及左右皆笑。

刘禅笨拙地说谎，语境中露了马脚，所以让人觉得好笑。刘禅小名"阿斗"，有个谚语说："扶不起来的阿斗。"果真是啊！

（二）言辞语境

语境有狭义和广义之分。狭义语境即言辞语境，通常说成"前言后语"，书面语中称为"上下文"。广义语境为社会语境。

在话语沟通中，说话人的表达总是表现为若干表达式 X—Y—Z，这些 X、Y、Z 可以是词语或者句子，也可以是句群或者长篇大论。总之，它们都处于前言后语或者上下文的关系。在表达式 X—Y—Z 中，X 相对于 Y、Z 而言，Y 相对于 X、Z 而言，

Z相对于X、Y而言，它们都是前言后语，都构成了语境关系。这就是言辞语境。

例如：

> 甲：他是谁？
>
> 乙：他，方中玉，高三(4)班的班主任。

甲缺少关于方中玉先生的信息，乙满足了他。在乙的话语中"他"(X)—"方中玉"(Y)—"高三(4)班的班主任"(Z)，这三个单词或短语相互间都构成了言辞语境的关系。

又如：

> 公孙龙说燕昭王以偃兵。昭王曰："甚善，寡人愿与客计之。"

公孙龙的话(X)是前言，燕昭王的话(Y)是后语，彼此构成了前言与后语之间的言辞语境关系。

（三）社会语境

在话语沟通中，并非所有需要的信息都能从前言后语的语境中补充进来。好在人际沟通是一种社会现象，说话人和听话人都是社会中的人，都处在特定的社会环境之中。我们需要相关的信息，如果不能从前言后语中得知，那么就从具体的社会环境中获取。这就是社会语境。

社会语境是指言辞以外的客观环境，包括时间、地点、场合、话题，对话人的身份、地位、心理素质、时代背景、文化背景，以及沟通目的、方式和相关的话语、表情、体姿，等等，这些都可以成为社会语境的因素。比如有人给你介绍女朋友，一再夸说这是一位很好的姑娘。真的？你去调查了一番，证实了她果然是一位好姑娘。你调查得来的信息就是社会语境。

《中国社会史》关于“骗子的历史”中有一个这样的故事：

> 上午下过一阵小雨，一位老农急急忙忙来到镇上。他听到有人喊“老王”，他回头一看，原来是算命先生。他很奇怪：算命的怎么会认识我呢？于是就在算命摊子旁边坐了下来。算命的说：“你是北庄的，姓王，家里有人生病。对吗？”太神了！真是活神仙。老农心里想着，就把儿媳妇生病情况一五一十地说了。算命的算来算去，说他儿媳妇该有这场灾难；要他往东走，自有贵人相助。

这是怎么一回事呢？原来老农的布雨伞上有“三槐堂”三个

字，“三槐堂”是王姓的堂名，所以算命先生知道老农姓王。从北庄到镇上要经过一个红土冈，早晨下过小雨，老农的鞋上粘有红胶泥；再从时间上推算，说他从北庄来，大体不差。算命的注意到老农走路急匆匆的，耳朵上夹着中药方，还露出中药的药名，所以知道老农家里有病人。在这段对话中，除老农主动说出媳妇生病的信息属于言辞语境以外，其余信息都来自算命先生的推理，这推理的根据就是社会语境。至于往东走，因为东边有家药店，当然错不了。

社会语境的制约一方面取决于一个社会环境中长期遵守的相对稳定的共识，另一方面取决于交际主体当前在社会语境中所处的位置。比如脱不花在《沟通的方法》中提到，一个员工做了一个方案，有个关键决策需要请示领导，领导没说别的，只扔下一句“你定”。请问这到底能定还是不能定？就得看语境了。这取决于你所在的职场环境、你和领导之间的信任程度，甚至是你的职位权威性。但是请注意，领导这里核心想表达的是“你全权负责。重点是出了问题，你也要全权负责，因为方案我没发表意见，是你定的”。可见，要从一句话里完全听明白对方的意思，其实很困难。你需要具备基本的社会经验，对当下的语境有判断，还需要听出对方的“弦外之音”，尤其是听懂对方接下来的期待。

由于语境对于话语沟通的极端重要性，我们把“语境”因素也添加到沟通图式之中，让前述沟通图式更加完备起来。添加后的图式为：

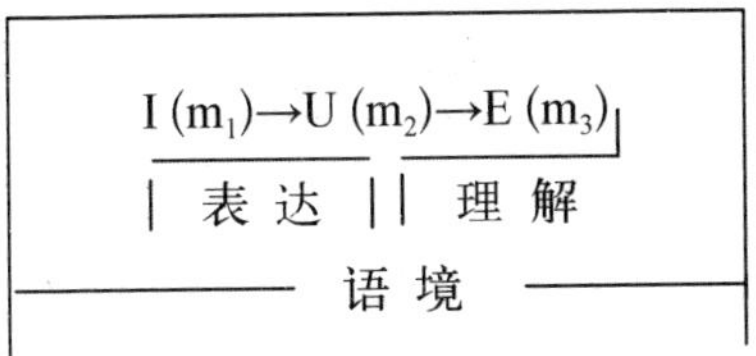

这个图式表明：人们所有沟通过程都是在特定的语境中进行的。

第二章　表　达

语言表达就是表之于外，达及他人。

——吕叔湘、朱德熙

一、确定意图

表达就是把说话人说话的意图 I 和思想感情 m 组织成话语 U 的过程。说话人的意图 I 和思想感情 m 都只存在于说话人的思维之中，只有通过话语 U 才能传达给听话人。所谓“表达”，就是“表之于外，达及他人”。“表之于外”不难理解，就是把信息发出去。那么“达及他人”呢？“达”者，“通”也，要能够通彼此之情才算是“达”。也就是说，达还是不达，说话人没有资格决定，这要看语效 E 的实际情况如何。孔子说：“辞达而已矣。”这句话听起来轻松，实际上有时候的“辞达”绝不是一件容易办到的事情。

那么，什么是表达中的意图？表达中的意图是指说话人为了达到某种沟通目的时候的打算或者想法，说白了就是你想干什么？比如你在路上遇到一个熟人，你说声“你好”，用如此简单的表达来表示你的问候，传达你对对方的友好感情。这就是你的意图。如果，如果这个熟人是你的仇人，你说了一声“你好！”那又是什么意图呢？大概是挑衅吧！有时候，你的身旁有一个可爱的小孩，你会蹲下身来跟孩子说一声“你好！”这又是什么意图呢？大概因为你喜欢这个孩子，想跟他套套近乎，满足于你对这个孩子的喜爱之情，是吧？

实际上，人们的每一次表达都是有意图的。有朋友到了你家里，你说：“你来啦！”他已经到了家里，当然是“他来了”，从语义上看，这是一句废话，没有新信息。然而“废话不废”，你说这句话的意思可能是表示惊讶或者高兴的感情。如果是你不欢迎的人呢？则可能的意思是说：“你来干什么！”甚至喊一声：“滚，滚出去！”可见，即使是语义层面没有提供新信息的表达，在结合语境后也可能传递新的信息，表达说话者的意图。

为了沟通，说话人要做的第一件事情就是确定表达的意图，也就是你想表达什么？说话人的表达可以有各种不同的意图，概括起来主要有以下一些类别：

1. 信息意图、行事意图和成事意图

20世纪50年代，英国日常语言哲学学派的代表人物奥斯

汀(J. L. Austin)提出了言语行为(Speech Acts)理论,后来美国语言哲学家塞尔(J. R. Searle)和其他学者继承和发展这一理论。该理论认为言语本身就是一种行为,说话就是做事。当人们说出一串话语时,他就在完成一种行为。按照奥斯汀自己的说法,即为"说什么也就是做什么"(to say something is to do something)。这种理论把言语三分为:以言指事,即"说了什么";以言行事,说话人的用意是什么;以言成事,重在表达的效果。相应地,言语沟通理论把说话人的意图三分为信息意图、行事意图和成事意图。

(1) 信息意图

告诉听话人某个或某些信息。例如:

《大学》的作者是曾子;《中庸》的作者是子思。

"四书"即《论语》《孟子》《大学》《中庸》,一般人都知道《论语》和《孟子》的成书分别出自孔孟的弟子或再传弟子之手,而《大学》《中庸》的作者并不为多数人所熟知。这位说话人的意图就是为了提供这方面的信息。(《大学》不排除有曾子弟子添加的内容。)此外无他。这就是信息意图。

(2) 行事意图

表明说话人的用意。例如:

一个孩子跟妈妈逛商场,他指着柜台里的蛋糕说:“妈,这蛋糕我没吃过。”

孩子的话表达了要妈妈给他买蛋糕的愿望。这是行事意图。

(3) 成事意图

希望听话人完成某件事情。例如:

请把窗子打开!

说话人的意图是要听话人完成开窗子的事情。这就是成事意图。

在表达的三种意图中,信息意图最为根本。如果没有信息意图,压根儿就不会有沟通了。行事意图意在听话人明白说话人的用意,成事意图意在听话人完成某件事情,这两种意图可以说是信息意图的意图。

2. 浅层意图和深层意图

浅层意图是指直接的、易为人知的意图。相对于浅层意图而言,深层意图则是指浅层意图背后不易为人所知的意图。例如:

小女孩芳芳说:“妈妈是我的妈妈;哥哥的妈妈是爷爷。”

哥哥嘲笑她说:“你连‘妈妈’是女的都不懂!”那么芳芳要表达什么样的意图呢?芳芳是在分派她和哥哥的妈妈吗?这只是浅层的意图。芳芳人小心眼儿多:她给哥哥安排了一个“妈妈”(哥哥同爷爷住一个房间),这样妈妈就是她一个人的了。跟哥哥争宠,这才是芳芳的深层意图。

3. 明示意图和隐含意图

明示意图是“明摆着”的意图,隐含意图是指隐藏在明示意图背后的意图。例如:

> 《水浒传》中花和尚鲁智深出家前名叫鲁达,是一名提辖武官。他为人耿直、鲁莽,疾恶如仇。当他得知金姓父女被“镇关西”郑屠欺凌之后,三拳打死了镇关西。他心想:“洒家须吃官司,又没有人送饭,不如及早撒开。”拔步便走,回头指着郑屠的尸体道:“你诈死,洒家和你慢慢理会。”

鲁达还要回来和郑屠算账,这是他的明示意图,实际上是一个虚假意图。鲁达粗中有细,正是要在人们都以为他“还会回来”的误解中溜之大吉。“不如及早撒开”(趁机逃走),才是他隐含的真实意图。

虚假意图和真实意图也是一组表达的意图。在鲁达的意图中,明示意图就是虚假意图,但并非所有的明示意图都是虚假意图。比如丈夫对妻子说:“中午我不回来吃饭。”这是明示意图,也是真实意图。

二、组织话语

组织话语是指说话人在确定了意图之后,把自己的思想感情,亦即信息组织成话语,传达给听话人。这是个“表之于外”的过程:从 $I(m_1)$ 到 $U(m_2)$,即把思想感情(信息)转换为话语的过程。这是沟通中关键的一步。没有“表之于外”这一步也就没有了听话人的理解,从而没有了他们之间沟通这件事情。

笔者曾参加一位老同事的荣休仪式,开头讲了下面这段话:

> 今天我参加盛晓明教授的荣休仪式,想说的话自然很多,但一下子竟想不好从何说起。平静下来考虑,感觉从他的名字说起也是一种“进路”。我与晓明共事二十五年,感受颇多。如果用一个字概括他的为人处事,我想选择晓明的“明”字。这个“明”在他身上大体上有三个层面

的表征：其一是大事上明白，其二是言行中明理，其三是内心里明亮。

这种把表达主旨或者说意图通过艺术加工，再以语言形式表达出来的方式，可以说是日常沟通中常用的一种话语组织方式。我们再来分析下面的例子：

> 刘邦和项羽曾经结拜为兄弟，后来为争天下成为仇敌。有一次，刘邦的父亲被项羽捉去作为人质，以此要挟刘邦退兵，否则就要把他父亲烹了吃。谁知刘邦却说："我和你曾经结拜为兄弟，我的父亲就是你的父亲，如果你烹了他，也分一杯汤给我尝尝。"
>
> 结果，项羽只好作罢。

在这个故事中，刘邦的意图是明确的：使项羽不烹自己的父亲。这是以言成事的意图。那么怎样组织话语来实现这个意图呢？刘邦说了一句话："我的父亲就是你的父亲，如果你烹了他，也分一杯汤给我尝尝。"（"吾翁即若翁。必欲烹尔翁，则幸分我一杯羹。"）这是至关紧要的一句话：刘邦组织了这一句表之于外的话语，以言成事，使得项羽只好作罢。

组织话语包括以下主要内容：

1. 对象

毛泽东说过："射箭要看靶子，弹琴要看听众，写文章做演说倒可以不看读者不看听众么？""'对牛弹琴'这句话，含有讥笑对象的意思。如果我们除去这个意思，放进尊重对象的意思去，那就只剩下讥笑弹琴者这个意思了。为什么不看对象乱弹一顿呢？"如果说话人的表达不看对象，那就跟"对牛弹琴"一样，没有沟通可言了。

刘邦和项羽打了好多年的交道，当然了解项羽的为人。项羽"力拔山兮气盖世"，性格刚烈，勇武过人，但是爱面子，往往在原则上心软。刘邦深知项羽在听到他的表达之后决不会"烹"他的父亲。果然项羽没有这样做。此后不久，战争的形势于楚军不利，项羽把刘邦的父亲送还给了刘邦，以换取楚汉以鸿沟为界。

2. 语境

俗话说："到什么山上唱什么歌。"从字面上说，由于不同地区的具体情境不同，在这座山唱这首歌很受欢迎，到那座山还唱这首歌就未必受到欢迎，应当唱那座山人们爱听的歌。这句话是个隐喻，意思是说，说话人必须以具体情境为依据来表达自己需要表达的内容，不要无的放矢，乱说一通。也可以理解为：按照实际情况的变化，因时、因地、因人灵活地作出相应的变化来组织话语，以适应表达的需要。

一位老教授被一所高校邀请演讲人生观。在讲到精彩的时候，他走下讲台，想到教室最后一排与同学们交流，却不慎在下台阶时摔倒，学生们不由地发出了唏嘘惊讶的声音。老教授站了起来走回讲台，带着激情地说："人生就像有台阶一样，时不时可能跌倒，但不要怕，因为我们可以选择站起来。"他的演说很成功，同学们深表赞同，回报以热烈的掌声。

老教授巧妙地利用意外摔倒这一特殊的语境，说出了非常深刻的人生哲理，把演讲带进了高潮。语境可能导致表达的失败，但也可以让表达获得意外的成功。

3. 口语化

沟通中的表达通常是指口语表达。虽然表达也包括书面语表达，但这里只讨论口语表达。

口语表达主要有这样几个特点：

（1）同步性

语言有外部语言和内部语言的区分。外部语言就是说话人“表之于外”的那些话语,亦即“口语”;内部语言是指思维过程中所应用的不发出声音的语言,也就是所谓沉思默想中的那种语言。在口语表达的过程中,外部语言表达与内部语言思维是同步进行的,口语只是将思维“外化”了。

(2)散漫性

沟通中的口语表达通常使用的是一些短句、散句,不像书面语那般严谨,那般字斟句酌。口语的结构是松散的。所以说话人必须先把需要表达的主要内容想清楚,做到心中有数,表达时在“主干”的基础上添枝加叶,做到出口千言而不离中心。

(3)短暂性

口语是通过声波传递的,而声波瞬间即逝,使得听话人只能从急速的语流中把握说话人所表达的话语意义。因此说话人的表达,一是必须想好了再说。脑子要转得快,分辨哪些该说,该用什么方法说,别让嘴巴抢了先。这样才能保证话语所传达的信息的恰当性。二是说话速度不能太快,要让听话人能够有条件领会说话人传递的信息。据研究,口语一般的语速每分钟 200 字,最快不能超过 280 个字,否则被吸收的信息将大大地减少。有的人说话语速很快,像打机关枪,其效果不会是很好的。

(4)临场性

说话人的口语表达效果在于说话人的临场发挥。因为说话的时间、空间是特定的，听话对象是特定的，现场的氛围也是相对特定的，所以说话人说出的话语想收回来是不可能的，所谓“君子一言，驷马难追”是也。这就要求说话人想好了再说。脑子要转得快，分辨哪些该说，该用什么方法说，别让嘴巴抢了先。由于表达受到现场氛围的影响，说话人还必须考虑“现场反应”，适时地调整话语的内容和语速，以适应临场氛围。（这要求提高说话人本身的素质。）

此外，口语表达还是一种综合性的行为过程。口语表达是传声的、有感情的，传声包括声音的高低快慢，强弱长短；表情包括面部表情和举止。在表达中应当把各部分的积极性都调动起来共同完成说话内容，并且具有整体感和协调感。口语表达有一个过程，就是从生活到思维，再由思维外化成口语，在这个过程中，说话人所说的话语，充分体现了这个人的生活体验、文化素质、道德水准，听其言就可以了解这个人了。

口语表达时要求：一是语音清晰，让听话人听得清楚；二是内容有条理，让听话人知道你说些什么；三是语言生动，有时不妨幽它一默，以增强表达的效果；四是流畅，不要拖泥带水，不要有口头禅，没有“啊”“的话”之类的毛病。

有人说，“会说话是你的第二张名片”“当代社会最重要的能力是表达能力。学会表达的人才是这个时代最大的红利收获者”。学会表达，可是一门重要的学问哦！

（四）语法、修辞、逻辑

说话人的表达，在组织话语的过程中必须注意语法、修辞和逻辑，一个也不能少。

1. 语法

在表达中，说话人应用语言组织话语，不仅要懂得每个词所表示的意义，还要了解词与词之间所构成的各种关系。比如“不”“得”“了”三个词有不同的意义，它们的不同组合可以构成“不得了”“了不得”“得不了”“不了得”“得了不”等短语，意义也有差别。它们的差别不是由于词义的改变，而是由于不同的结构方式。也就是说，这儿的不同意义是由语法手段来表达的。语法的意义不同于词义：词义反映的是客观事物及其联系，它以一定的客观事物为概括的对象；语法反映的是语言单位（词素、词、短语、句子）之间的各种联系，它以语法结构为概括的对象。

著名语言学家赵元任先生著有《汉语口语语法》一书。他所说的“汉语口语”，指的是“二十世纪中叶的北京方言，用非正式发言的那种风格说出来的”，强调了“北京方言”。在口语表达中，说话人往往带有某个地方的方言音，比如宁波方言、苏州方言、潮汕方言，并由此而产生方言对话的特有情趣。

汉语口语同汉语书面语一样涉及语音、词类和句子等诸多理论，这里只是简单地讨论汉语口语句子中几种常见的语法现象。

(1) 零句

零句的“零”是畸零、零碎的意思，相对于整句而言。这在话语表达中是很常见的现象。例如：

A 型：对！　行。　有。　烫！
有人。　讨厌！　气人！　耍坏！　着火了！
B 型：来！　走吧！　请坐！　干杯！　别打岔！

A 型是动词性词语作为陈述句；B 型为动词性词语作为命令句。命令句也可以采取陈述句的形式。如：“不准抽烟！”

A 型：怎么啦？　为什么呀？　出了什么事了？
B 型：是谁呀？我。　来不来？来。

动词性词语作为问话和答话，A 型答话比问话的字多；B 型答话字数比问话少。

A 型：李先生。/李东阳。

B 型：水！　车！

以上是名词性词语作为陈述句。A 型用在介绍客人的时候。B 型前例是挑水的人警告行人；后例是警告周边的人附近有来车。

妈！　大哥！　老王啊！　卖豆腐脑儿的！修雨伞的！

以上皆为呼语。

（2）整句

整句有主语和谓语两部分，中间用停顿、可能的停顿或用"啊""哪""吧"等停顿助词隔开。

他跑的快。他跑得快。

前例"他"或"的"后都可以有停顿，"他跑的"是主语。后例只有"他"后可以停顿。

进来吧，你！　要睡了，我。　可笑极了，这个人！

以上为倒装句。

（3）有计划的句子和无计划的句子

说话人的表达，有时候把一个句子想好了才说出去，有时候边说边想，有时候想说成这样，结果却说成了那样。这些情况都是有的。

一个偏见太深的人啊——我这不是说你，啊——没法子跟他说理的。

你简直没规矩，越来越。

前例是插进去的话，后例是追加补语，都是无计划的句子。

他看得出是个学生。

他不晓得哪儿去了。

这两句都是有计划的句子，有计划插入相关的词语。前例插入“看得出”，后例插入“不晓得”。有计划插入语的前后没有停顿。

2. 修辞

语法和修辞是语言学中两个不同的学科：语法的任务是寻找语言自身结构的奥妙；修辞的任务是寻找语言发挥社会职能的奥妙。语法是语言静力学；修辞是语言动力学。

修辞是“达意传情的手段”。古希腊亚里士多德说:“修辞术的定义可以这样下:一种在任何一个问题上找出可能的说服方式的功能。”修辞学是为了追寻最佳表达效果的学问,这个最佳效果自然就是说服听话人,即沟通图式上的最佳语效 E。修辞学也是美辞学,研究如何使辞藻美丽的学问。

孔子说:“修辞立其诚,所以居业也。”意思是说,以修饰言辞来建立诚信,这是操持自己事业的立足点。修辞贵在一个“诚”字。李陵《答苏武书》云:“人之相知,贵相知心。”说话人的表达就在于心诚,说知心话。“心诚则灵”,以诚感人,就能够取得表达的好效果。

伊斯兰教哲理书《卡布斯教诲录》也教导人们说:“不论谁都要同别人讲话交谈,但是,孩子啊!你应当慎思择言,却不应有半点谎话。你必须享有说实话的信誉。……不管谈什么事情,都应当说实话。”“敢说真话,即使说真话是十分痛苦的。”这不也就是“修辞立其诚”的意思吗?修辞不是别的,就是诚心诚意说真话。修辞不是花言巧语,哗众取宠,不是欺瞒诈骗,欺世盗名。修辞,唯诚而已。

为了说真话,“达意传情”,修辞需要应用一些修辞手法以提高表达效果,实现说服的目的。最常用的修辞手法大体是:

(1)举例子

为了使表达更加具体,更有说服力,更客观地说明了事物,使比较抽象、复杂的事情或事物变得通俗易懂，让人信服，举个例子往往能够收到很好的效果。例如：

人生的挫折并不可怕，如果勇敢地面对挫折就可以战胜挫折。世界著名音乐家贝多芬虽然耳聋了，但是他的心并没有因耳朵的变化而变化。他知道自己必须坚强地活下去，不能被艰难所吓倒。于是，他用“心”去感受音乐，用“心”去倾听音乐，《命运交响曲》终于在磨难中诞生。

“人生的挫折并不可怕，如果勇敢地面对挫折就可以战胜挫折。”这是说话人所要表达的观点。如果抽象地去论证，恐怕要费许多口舌。这里举了大家熟悉的贝多芬的例子，轻松地就让听话人信服了。

（2）打比方

利用两种不同事物之间的相似之处作比较，以突出事物的形状特点，增强形象性和生动性的说明方法叫作打比方。打比方同修辞格上的比喻是一致的，用这个方法可以使抽象复杂变得浅显易懂，具体生动。例如：

有一回，我到华视录节目，遇到华视教学部主任，见他笑口常开，颇得人缘，就向他请教有什么妙方。他笑了笑说:“做什么事,采取低姿态总是安全顺当,飞机低空飞行,连雷达都探测不到。”

这位教学部主任用飞机低空飞行比作人的低姿态,的确很恰当,会让听话人牢记在心,时时指导自己的行为实践。

(3) 作比较

俗话说:“不比不知道,一比吓一跳。”有比较才有鉴别。说话人在表达时可以用具体的或者大家已经熟悉的事物作比较,会使听话人得到具体而鲜明的印象。例如:

齐宣王沉湎于声色犬马,到处围猎。有一天,宣王问孟子:“听说周文王的猎苑围了七十里,有没有这件事?”

孟子回答:“书上是这样记载的。”

齐宣王吃惊地问:“真有这么大吗?”

孟子说:“老百姓还嫌小哩!”

宣王叹口气说:“唉,寡人的猎苑只围了四十里,百姓的意见大着哩!”

孟子说:“文王的猎苑,老百姓可以进去砍柴、捉野兔。而您呢?明令禁止百姓进去。一样吗?”

自然是不一样的啊!这样的比较不是是非分明了吗?

（4）下定义

用简明的语言对某一事物的本质特征作规定性的说明，就叫下定义。下定义是明确概念的常用的方法。例如：

修辞学就是研究最佳表达效果的学问。

拓扑学研究几何图形在连续变形下保持不变的性质。例如画在橡皮膜上的图形，当橡皮膜变形但不破裂或折叠时，有些性质保持不变，如曲线的闭合性、两曲线相交等。

前例是修辞学的定义。如果你同别人谈到修辞学的时候，对方对修辞学有些神秘感，你就给出修辞学这个定义，对方就会明白修辞学是一门什么样的学问了。后例是拓扑学的定义。一般人对拓扑学都一无所知，当对方听到这个定义及简单解释后就有所知了。

（5）引用

为了使表达的内容更为充实具体，可以引用资料说明。所引的资料可以是经典著作、名家名言、典故谚语，等等。例如：

早在13世纪，卢沟桥就闻名世界。那时候有个意大利人马可·波罗来过中国，他在游记里十分推崇这座桥，说它是“世界上独一无二的桥”，他还特别欣赏桥栏柱上刻的那些狮子,说它们"共同构成美丽的奇观"。

如果想介绍卢沟桥,不妨引用马可·波罗的这两句话,会使你的介绍大为生色。

(6) 幽他一默

说话人在表达中说幽默的话,会让听话人感到很有趣,引人发笑,在笑声中领悟说话人所要表达的意义。一般地说,在一定的语境中幽它一默语效甚佳。例如:

一个雨天,某妇女牵着一条狗上了公交车。她对售票员说:"喂,如果我给这条狗买一张车票的话,它是否也能有一个座位?"售票员说:"当然行,太太。不过,它也必须和其他乘客一样,不要把脚放在座位上。"

售票员的表达很幽默,引人发笑也引人深思,效果自然很好。

朋友A君很胖,有一次我们俩去另一朋友B君家中赴宴,刚刚落座便听得"喀喀"两声,A君的餐椅从中折断。B君手足无措,不好意思地笑着说:"Sorry, sorry."A君却笑道:"小港湾哪泊得下万吨巨轮,下次请我吃饭,可得定做一张铁椅子啊!"听A君这么一说,大家哈哈大笑,宴席上的氛围立刻活跃起来。

这个例子属于自嘲,可令对方减少心理压力,从而拉近了距离。

修辞手法还有很多,这里只说了几个常用手法。

3. 逻辑

有人说:"语法管通不通,修辞管好不好,逻辑管对不对。"有道理! 语法、修辞、逻辑三个学科关系密切而又彼此分工,共同保证了表达的精彩纷呈。

说说三国时东吴张温出使西蜀,颇有傲慢之意。在孔明送别张温的酒宴上,忽有一人趁醉而入,昂然长揖,入席就座。张温怪之,问孔明"此何人也?"孔明回答:"姓秦名宓,益州学士。"张温笑曰:"名称学士,未知胸中曾'学事'否?"以下是张温和秦宓之间的一段对话:

> 宓正色而言曰:"蜀中三尺小童尚皆就学,何况于我?"温曰:"且说公何所学。"宓对曰:"上至天文,下至地理,三教九流,诸子百家,无所不通;古今兴废,圣贤经传,无所不览。"温笑曰:"公既出大言,请即以天为问。天有头乎?"宓曰:"有头。"温曰:"头在何方?"宓曰:"在西方。《诗》云:'乃眷西顾。'以此推之,头在西方也。"温又问:

“天有耳乎?”宓答曰:“天处高而听卑。《诗》云:‘鹤鸣于九皋,声闻于天。’无耳何以能听?”温又问:“天有足乎?”宓曰:“有足。《诗》云:‘天步艰难。’无足何以能步?”温又问:“天有姓乎?”宓曰:“岂得无姓!”温曰:“何姓?”宓答曰:“姓刘。”温曰:“何以知之?”宓曰:“天子姓刘,以故知之。”温又问曰:“日生于东乎?”宓对曰:“虽生于东,而没于西。”

此时秦宓语言清朗,答问如流,满座皆惊。(秦宓一次次说到“西”,还说“天”姓刘,都是暗指西蜀。东,指东吴。)

在这一段对话中,秦宓的答问精彩至极!“精彩至极”,当是修辞的成功。语法上没有错误。那么,逻辑上如何呢?

逻辑就是推理的学问。秦宓的每一答问(虽然有点诡辩之嫌,但)都有理有据,无懈可击。比如,因为《诗》云“乃眷西顾”,所以天的头在西方;因为《诗》云“鹤鸣于九皋”,所以天有耳;因为《诗》云“天步艰难”,所以天有足;因为天子姓刘,所以天姓刘。其中每一个“因为—所以”都是推理。

推理就是从已知推出未知的认知模式。公式为:

(因为)A,所以 B

模式中的 A 是前提,为已知的知识,B 是结论,为新知识。“所以”表示推出，即从前提（因为）推出结论“所以”。

推理一般都是“如果”。例如前面秦宓答问张温，温又问：“天有姓乎？”宓曰：“岂得无姓！”温曰：“何姓？”宓答曰：“姓刘。”温曰：“何以知之？”宓曰：“天子姓刘，以故知之。”秦宓是这样推理的：

如果天子（天之子）姓刘，那么天姓刘。

天子姓刘，

所以，天姓刘。

这就是一个“如果”推理，推理的形式正确，有理有据，推理成立。公式是：

如果 A 那么 B，A，所以 B

又如：温又问：“天有足乎？”宓曰：“有足。《诗》云：‘天步艰难。’无足何以能步？”这里有两个推理：

如果天步艰难，那么天能步。天步艰难，所以天能步。

如果天能步，那么天有足。天能步，所以天有足。

两个推理公式同上。在这两个推理中，前一个推理的结论是后一个推理的前提，称为连锁推理。

（推理还有其他形式，如三段论、“或者”推理等，但都可以转换为“如果”推理。）

秦宓的答问，语法规范，修辞精彩，推理正确无误，堪称一次经典的表达。

由此观之，语法、修辞、逻辑在表达中是一致的，似乎是十分协调地服务于表达。但在日常语言使用中，人们也并不要求所有表达都要同时满足这几点一致性，比如以下例子：

① 长安街车水马龙，好不热闹！

② 下午打扫卫生。

③ 救火！

④ 他的普通话比我好。

⑤ 她去年五十，今年四十八。

这些话说得通吗？合乎逻辑吗？修辞上又如何呢？

这些话好像都有些问题。长安街既然车水马龙，就应该是“好热闹”，怎么说“好不热闹”呢？“打扫卫生”，把“卫生”打扫掉岂不是不卫生了吗？分明是灭火，为什么还要“救火”呢？他的普通话怎么能够跟我这个“人”作比较呢？一个人的年龄真的能够越来越小吗？

其实这些话大家平时都会这样说，也都懂得它们的意思，听话人不会误解。那是为什么呢？原来例①至③属于习惯语，习惯语是不允许分析的，也不允许援例。例④是“他的普通话比我的普通话说得好”的省略。人就是有点儿懒，能省则省，略而不说。至于例⑤，可以是在说心理年龄，类似于称赞一个人“越活越年轻”。这些话并没有什么逻辑上的错误。

三、书面语的表达

书面语就是用文字记载下来的语言，是相对于口语而言的。书面语是在口语的基础上形成的，先有口语，后有书面语，口语是第一性的，书面语是第二性的。书面语表达同口语一样，都必须遵循言语沟通模式，都有确定意图和组织话语的过程，只是口语表达的对象是听话人，书面语表达的对象是读者；口语表达的形式是说话，书面语表达的形式是文字。

同口语相比较，书面语表达有两个显著的特点：一是书面语可以传于异地，留于异时；二是拥有更多推敲和加工的时间。这两个特点也是书面语表达的两个优点。

（一）书面语可以传于异地，留于异时

古人说："盖天下事物之象，人目见之，则心有意，意欲达之则口有声。意者，象乎事物而构之者也；声者，象乎意而宣之者也。声不能传于异地，留于异时，于是乎，书之为文字。文字者，所以为意与声之迹也。"这段话的意思是说，世界上的事物都有一个外部形象，人们用眼睛看见了事物的形象之后就在心里产生了一个意念想法。对事物有了想法之后，于是用声音表达出来。意念想法是通过对事物形象的认知后产生的，声音呢，是通过意念想法产生后表达出来的。声音无法传到很远的地方，也无法流传久远，声音在时间和空间的传播是有局限性的，于是转而通过文字的方式记录下来，文字就是人们记录意念想法和声音留下的轨迹。

写文章自然是有了文字以后的事情。文字是记录口语的书写符号系统，是书面语的载体。作为符号，文字是记录口语符号的符号，属于二级符号。古希腊亚里士多德说："口语是内心经验的符号，文字是口语的符号。"中国古籍《尚书》也说："言者，意之声；书者，言之记。"都说明了文字是语言符号的符号。

书面语可以传于异地、留于异时，因此无论你在天涯海角，我都能够用书信（如今用邮箱或微信）把我的思想感情告诉

你。古代发生的那些故事,我打开书本也就知道了。

(二) 书面语拥有更多推敲和加工的时间

口语表达具有临场性,瞬息即过,来不及更多地思考;而书面语不受时空的限制,为了提高书面语的表达效果,书写者可以花上许多时间去推敲、加工,让书面语表达更准确,取得更好的表达效果。

"推敲"一词就来源于唐代诗人贾岛一次琢磨他的一首诗的故事:

> 贾岛曾为僧人,喜苦吟,每跨驴不避公卿。有诗"僧敲月下门",又想把"敲"换成"推"字,并在驴背上作推敲的手势,不知不觉冲撞了京城长官韩愈的仪仗队,被从人带到韩愈马前。韩愈问明情况,沉吟片刻,说:"'敲'字佳。"

贾岛"推敲"的故事反映了他写作的刻苦精神和认真的态度,以致流传至今。"推敲"一词也成了琢磨和加工书面语的一个常用术语,有时连用为"推敲推敲"。

由于书面语表达拥有推敲和加工的时间,有条件成为高质量的书面语作品。例如西晋李密的《陈情表》就是感人至深的千古名篇。

李密曾仕蜀汉为郎官，蜀亡以后，晋武帝司马炎为了巩固新政权，笼络蜀汉旧臣人心，征召李密为太子洗马。李密上表陈情，以祖母年老无人奉养，辞不就职。

《陈情表》一文先是述说作者幼年孤苦，父早亡，母改嫁，由祖母刘氏抚养长大。其后有一段云：

> 伏惟圣朝以孝治天下，凡在故老，犹蒙矜育，况臣孤苦，特为尤甚。且臣少仕伪朝，历职郎署，本图宦达，不矜名节。今臣亡国贱俘，至微至陋，过蒙拔擢，宠命优渥，岂敢盘桓，有所希冀！但以刘日薄西山，气息奄奄，人命危浅，朝不虑夕。臣无祖母，无以至今日；祖母无臣，无以终余年。祖孙二人，更相为命，是以区区不能废远。臣密今年四十有四，祖母刘今年九十有六，是臣尽节于陛下之日长，报刘之日短也。乌鸟私情，愿乞终养。

其中“臣无祖母，无以至今日；祖母无臣，无以终余年”之语，述说祖孙二人相依为命之处境，表达以情感人而确实感人至深；“臣密今年四十有四，祖母刘今年九十有六，是臣尽节于陛下之日长，报刘之日短也”之语，又为自己辞不就职提供了充足的理由。这样的表达能不感动晋武帝并容许他暂不就职吗？

《陈情表》一文文辞优美，说服力极强，果然是一篇书面语表达的极品。如果李密不是上表陈情，采用书面语表达，而是采用口语表达的形式，与晋武帝面对面地交谈，那么大体上可以肯定达不到如此完满的沟通效果。这就是因为口语表达很难具有书面语表达那种从从容容斟酌文句的条件。

以上所述，书面语表达确实有口语表达所不能及的地方。那么问题来了：书面语表达既然如此之美妙，有了书面语表达就可以取消口语表达了吗？

那当然不是。口语的最大优点就是方便，在这点上，书面语无法与之相比。口语表达，出我之口，入君之耳，如此而已。其实说话是一件平常的事情，连小孩儿都会，方便至极。我们每个人从咿呀学语到寿终正寝，都要说很多很多的话。天南地北，古往今来，说话的范围无限广阔，说话的方式灵活多样。讲述一则动听的故事，讨论一个深邃的哲理，论敌间的唇枪舌剑，情侣间的情话绵绵，无一不是说话的妙用。从日常交谈，如聊天、访谈、讨论问题，到长篇演说，都离不开说话。在人类的沟通中，口语表达永远是第一位的。

在表达的实践中，口语和书面语有所区别，有时候相距甚远。一般说来，口语多用简单句，甚至零碎、通俗、随意，即所谓"口语化"。而书面语则比较讲究辞章，句子偏长，复合句较多；文言文更是满篇"之乎者也"，不易懂。不过在实践中，有时候两者又彼此靠拢：书面语“明白如话”，口语却“出口成章”。这些都与表达的内容以及表达者的素养相关。

四、表达的一般要求

表达者在沟通中表达的是思想，或曰思想感情。语言，无论是口语还是书面语，表达的都是自己所要述说的思想感情，思想的清晰决定语言的正确，思想的新意决定语言的新颖。语言从属于思想，正如古人所说：“其事异，故其情异；其情异，故其辞异。”

语言作为思想的表达形式，要求做到：正确，简明，生动。

（一）正确

正确的表达是指说话人意随旨出，话语能够充分体现沟通的意图，把想要表达的思想感情同实际表达的意思相一致，即$m_1=m_2$。具体说来，正确的表达有“三要”：

1. 要符合语法规范

正确的表达，不管是口语还是书面语首先要用词恰当，即

词法正确;然后是组词成句的形式正确,即句法正确。如果违反了词法和句法的规则,也就会违反语法的规范。例如:

①两者的差别显然是悬殊的。

②他用了一种很严肃的口气望了一下周围的人说。

③车间里有个身材不高、身体强壮、干起活来好像小老虎似的,赤着背,一直在那里苦干。

例①,“悬殊”就是很大差别。应该说“两者的差别显然很大”。例②,“严肃的口气”是用来形容说话的语气和神态的,不是用来修饰“望”的动作的,应该改为“他望了一下周围的人,用一种很严肃的口气说”。例③把宾语丢掉了,应该在“身材不高……像小老虎似的”等一连串定语后面补上宾语“青年人”,句子才算正确。

2. 要符合修辞规律

修辞上正确不同于语法上正确,有时候语句语法上无误,但在修辞上违反了修辞的规律。请看下面这个故事:

1848年,大英帝国的维多利亚女王和她的表哥阿尔伯特公爵结了婚。跟女王同岁的阿尔伯特喜欢读书,不大爱社交,对政治也不太关心。

有一次,女王敲门找阿尔伯特。

“谁?”

“英国女王。”女王回答道。

门没有开。敲了好几次后,女王突然感觉到了什么,又敲了几下,用温和的语气说:“我是你的妻子。阿尔伯特!”

这时,门开了。

女王第一次回答应当是正确的,她确实是英国女王啊!可是阿尔伯特为什么不开门呢?这是因为她的话同修辞情境不相符合,也就说不符合当时情境下的角色关系:一个是妻子,一个是丈夫,让对方在心理上不能接受。第二次敲门,女王转换了身份,敲门成功了。

好的修辞必然适应意图和情境,这是一条修辞规律。修辞技巧是临时的,贵在随机应变。根据什么意图,应用什么修辞方式来应对什么样的情境,全在于平时训练出来的修辞功夫,熟练掌握修辞技巧,才能够应付裕如。

3. 要符合逻辑

正确的表达总是符合逻辑的,违反逻辑的表达自然就不会是正确的表达。例如:

> 年轻人说："我有一个伟大的理想，那就是我想发明一种万能溶液，它可以溶解一切物品。"
>
> 爱迪生惊奇地说："那么你想用什么器皿来放置这种万能溶液？它不是能够溶解一切物品吗？"

爱迪生指出了年轻人表达中的自相矛盾：溶液总须装在一个器皿里，既然是能溶解万物的"万能溶液"，那么器皿也会溶化的呀！如果器皿不被溶化，那么这种溶液就不是万能的啊！

又如战国时有一篇非常出名的文章叫《登徒子好色赋》，文章说，楚国登徒子在楚王面前说宋玉好色，楚王告知宋玉。宋玉说他不好色，是登徒子好色。宋玉是这样证明的：

> 玉曰："天下知佳人莫若楚国，楚国之丽者莫若臣里，臣里之美者莫若臣东家之子。东家之子，增之一分则太长，减之一分则太短；著粉则太白，施朱则太赤；眉如翠羽，肌如白雪；腰如束素，齿如含贝；嫣然一笑，惑阳城，迷下蔡。然此女登墙窥臣三年，至今未许也。登徒子则不然：其妻蓬头挛耳，龅唇历齿，旁行踽偻，又疥且痔，登徒子悦之，使有五子。王熟察之，谁为好色者矣。"

读者想一想，宋玉的答辩言辞极美，生动形象，然而符合逻辑吗？《登徒子好色赋》论证了登徒子好色的正确性吗？亲爱的朋友，您说呢？

（二）简明

“简明”含有两层意思：一是简洁，以最少的文字（话语）表达尽可能多的意思，词约而义丰；二是明白，让人看（听）得懂，即使是复杂的事物，深刻的思想，也要说得深入浅出，易于理解。

欧阳修任滁州太守时，写了一篇写了一篇著名的游记《醉翁亭记》。这篇文章充分体现了宋代散文平易畅达、骈散结合的特点，文中连用21个“也”字，读起来颇多新意，读书人很少有不喜欢这篇文章的。关于这篇文章的修改，流传着这样一个故事：

> 据说，欧阳修把文章写好后，清清楚楚地誊抄了好几遍，叫人张贴到滁州的六个城门口，请过往行人阅读修改。一天，有个担柴的老人经过一个城门前，见围着不少人，出于好奇，就放下柴担挤了进去。这时有人正在读墙壁上贴着的《醉翁亭记》：“滁州四面皆山，东有乌龙山，西有大丰山，南有花山，北有白未山。其西南诸峰……”老人一听，

> 摇了摇头，自言自语道："太守的文章虽好，就是太啰唆。"欧阳修也正好在旁边，一听这话，恍然大悟。他赶回家中的书房，提笔凝思，将这段文字改了又改，最终，这几十个字的开头只剩下"环滁皆山也"五个字了。

这也真够简明的了。难怪稍后的朱熹那么夸赞欧阳修反复修改文章的精神，说是"欧公文亦多是修改到妙处"。

文章要做到简明，写作时节约用字，修改时能删则删，该简则简，要舍得割爱。

至于口语表达，也要事先充分酝酿，成竹在胸，表达时简明扼要，有实事求是之意，无哗众取宠之心，言语不能杂乱无章，不要啰唆重复，让听话人莫名所以。

（三）生动

表达生动是指表达的语言活泼、形象、优美、感染力强。生动的语言表达能够产生强烈的艺术魅力，吸引听读者理解表达者所表达的内容，同时得到美感的享受。

例如下面一件事情：

> 下班回家挤公交，到了一个站，上来很多人，车子严重

超负荷,司机不住地吆喝:“往里面挤!往里面挤!还能上来三个人!”眼看还有几个人没挤上来。于是司机换了个说法:“想减肥的再往里面挤挤,保证你下车瘦两斤!”此言一出,车厢奇迹般地有了空间,所有的人都上了车。

这是为什么呢?原来司机先前的呼喊表达的话语太过平常,听话人习以为常,无动于衷。后来司机改换了说法,新颖、幽默、生动,听话人有了兴趣,不自觉地行动起来。

生动的言语表达主要体现在形象性、新鲜感和幽默感等方面,使人如见其形、如闻其声、如临其境。如此这般,表达效果自然很好。

在表达中,状物、描景、写人固然要形象生动,而揭示深刻的哲理也可以应用一些修辞手段,使得表达生动,收到预期的语效。

例如,马克思曾经分析资本家在证券交易中的冒险竞争时这样写道:

在每一次证券欺诈中,每个人都知道,暴风雨必然会到来,但每个人都希望,暴风雨会在自己已经捞到大钱,把钱藏好之后,打在自己邻人的头上,等我过去再发洪水罢!这是每一个资本家、每一个资本国家的标语。

这段话深刻地解剖了资本家狡猾奸诈的内心世界,揭露了证券交易的冒险性、投机性,而文字又是如此生动活泼,把证券交易中资本家投机取巧的心理活动以及人与人之间的彼此倾轧和残酷斗争形象化了。文章比喻新鲜,色调鲜明,让读者读起来兴致盎然,而又领略了其中深邃的经济学道理。这不就是一种极致的享受吗?

第三章　理　解

当我们得到理解的时候，智慧是不会枯竭的：智慧同智慧相碰，就迸出无数的火花。

——马克思

一、“你讲我懂”

（一）符号

有一个成语“欲擒故纵”，意思是说，我想抓住他，却故意放开他，使他放松戒备，然后把他抓住。我们为了说清楚什么是“理解”，也故意绕一个弯儿，先说说什么是符号，然后再回到“理解”这个主题上。

在前面我们常常说到符号，比如说，语言是符号，文字也是符号，是语言符号的符号。那么究竟什么是符号呢？

符号学有两位奠基人，一位是瑞士语言学家索绪尔，另一位是美国哲学家皮尔斯。索绪尔把“符号”解释为能指和所指的二元关系，皮尔斯则解释为符号对象、符形和符释的三元关系。那么他们的二元关系和三元关系又是什么样的关系呢？请看下面的图式：

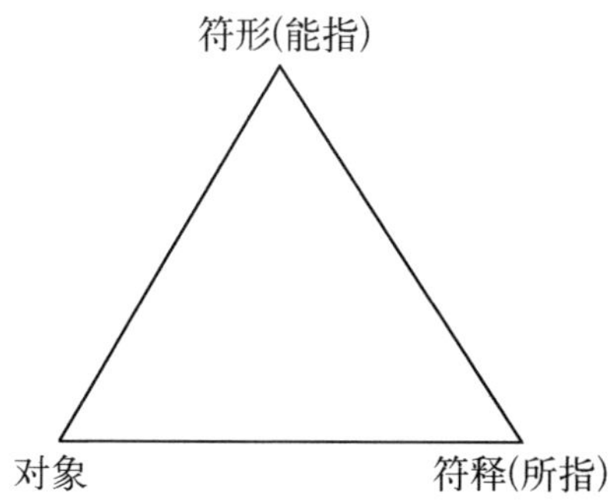

这个图式称为“符号三角”。在符号三角中，索绪尔的二元关系和皮尔斯的三元关系部分重合：索绪尔的能指就是皮尔斯的符形，所指即是符释。索绪尔的二元理论没有提到“符号对象”，大概因为皮尔斯讨论的是一般符号学，而索绪尔是从语言的角度上讨论符号学的，符号对象的讨论“不言而喻”吧！

在当代，人们一般都使用符号三角来说明什么是符号。所谓符号就是符号对象（客观事物）、符形（符号形体）和符释（符号解释）的三元关系。其中符形处于中介环节，起着中介（媒介）作用，人们通过符形获得关于对象事物的信息，从而认知这一事物。(人们常把“符形”直接说成“符号”,严格来说是不准确的。符号是三元关系。)

例如:

我们的国旗是符号,符形即五星红旗,符号对象是我们伟大的祖国,符释为中华人民共和国的象征。

我们的母亲是符号,符形即我们家庭中作为母亲形象的“母亲”,符号对象自然是作为母亲的那个女人了。她生我养我,对我无限疼爱,就是符释。

我们走在大街上,路边一家家商店都有招牌,招牌是符号。那块牌子是符形,商店是符号对象,商店经营的内容是符释。

我们走在马路上,那马路上的信号灯是符号,红绿灯是符形,交通规则是符号对象,“红灯停,绿灯行”是符释。

我们每个人的名字是符号。我叫“李东阳”,“李东阳”三个字是符形,“我”这个人是符号对象,杭州长春巷乐口面条店老板是符释。

我们说过的语言和文字也都是符号。这里我们用索绪尔“能指”“所指”的说法作说明,因为方便。

我们所说的汉语普通话是符号,能指是汉语拼音方案说到的那些语音,所指是汉语语音所传达的话语意义。

我们的方块汉字是符号,方块字是能指,字义是所指。它们是汉语符号的二级符号。

符号是人类普遍使用的一种工具,我们每个人都生活在符号的世界之中。一位学人说:“人是符号的动物。”真不敢设想,如果有朝一日离开了符号,我们将怎样生活下去?

20世纪80年代以来,消费文化的符号学解读日益兴盛。在商品销售的过程中,传播媒体赋予商品及其品牌更多的象征与符号意义,使其成为一个多模态符号。该符号传递给消费者的信息已不仅是商品自身的属性,更重要的是超越了自身实用价值的其他性质。消费就不再是在消费某一物品而是更多地在消费某种符号,传播就是有关“符号的选择、制造和传递的过程,以帮助接受者理解传播者在心中相似的意义”。

观众在观看电商直播的过程,也是对卖方所创造的商品符号的理解过程。符号学的代表人物皮尔斯(C.S.Peirce)在对符号进行定义时建立了著名的“三元说”理论,他将符号定义成这样一种事物,它一方面由一个对象所决定,另一方面又在人们的心灵中决定一个观念(称为解释项),符号与其对象、解释项之间形成了一种三元关系。其中,符号形体与符号解释项之间的关系称为意指,与表达对象之间的关系称为指称,相互关联的三者就构成了所谓“符号三角”。

在电商直播的场景中,商品本身被加上了超过实用性本身的属性,成了一个符号,它指称的是商品背后的品牌效应、消费体验、消费期望。进行直播时,主播调用其知识库,对商品的附加属性进行描述,其传递的信息构成一个信息集,成为该符形对应的符释。同一般的符号解读有所差异的是,符释不仅仅作为主体对理解符号的过程存在,更重要的是要将符释的内容作为需要传递的目标信息。以下为商品符号的符号三角:

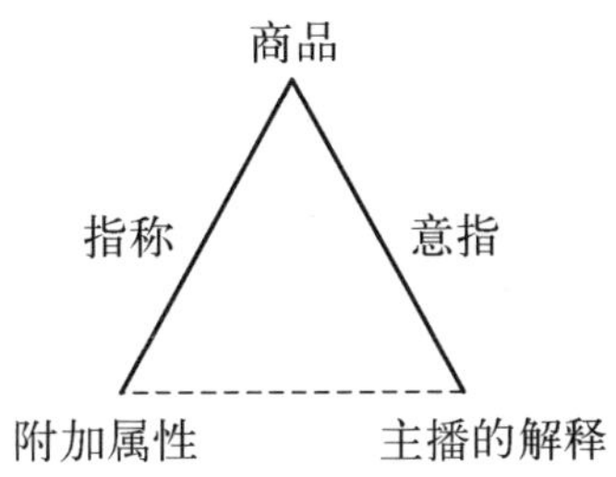

但对于主播所传递的信息,观众通常不会完全接受,观众方的符号理解过程需要将认知得到的事实作为新信息来得出新的事实,包括观众原有知识、其他观众传递的信息、对直播过程中包括主播符号的其他符号的解读等在内的信息,主播对符号的解释本身成为观众头脑中新的符号形式,以此类推下去,形成一个符号的链条。此时,通过多方信息更新得到的新的符释会对观众最终决策产生重要的影响。且由于直播间具有强交互性,主播与观众之间,观众与观众之间存在频繁的互动,经由这种互动实现的信息更新会使得符号链不断延长。一些观众解读形成的标签同样会成为符形,被其他观众再次解读，得到新的内容。由此，这一信息交互过程形成了一个多级的符号链：

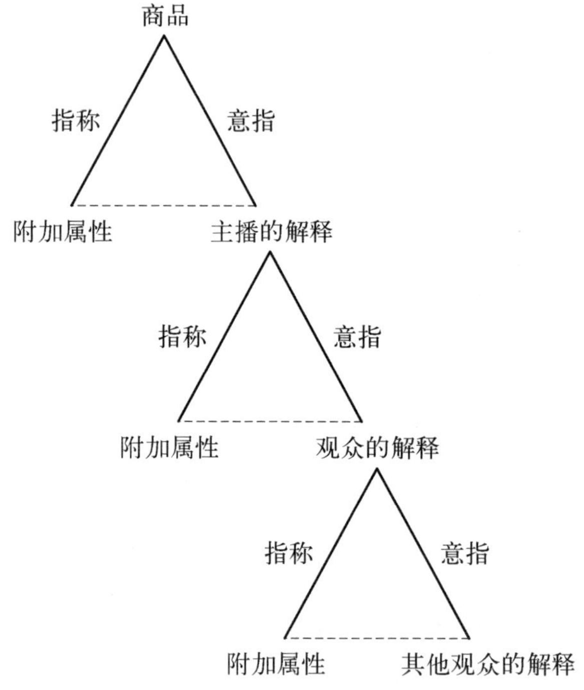

符号链是信息传递的载体，伴随符号链的延展，信息链也不断延伸，带来了观众知识库的更新和决策的变化。这一从信息传递出发的视角可以对观众对不同类型的主播的反馈差异进行解释。1949 年，香农（C. Shannon）和韦弗（W. Weaver）在《传播的数学理论》中提出了传播过程中的数学模式，即著名的香农—韦弗模式。该模型的基本要素包括信息源、发射器、信道、接收器、信息接收者、噪声六个因素。编码(发射器功能)后的信息源被转换成某种信号,通过信息通道传递给接收者,接受者在得到这一信号后进行译码(接收器功能)以获取信息。译码是把信息符号转换为信息意义的过程,这一过程常常在信息接收者的大脑中进行,他们根据自己的知识和经验来解释符号的意义。但是,信息接收者往往不能真正还原发送者信息的全部,甚至理解不当,这种来自外部的对信息传递产生的干扰被称为噪声。在直播中,所有对主播传递的信息产生干扰的信息都可以被视为噪声,主要是上文所述的主体原有知识、其他观众传递的信息和直播过程中其他符号的解读。

(二)编码和解码

“欲擒故纵”,如果前面说的是“纵”,那么现在就该“擒”了。下面将说到什么是“理解”。

“人是符号的动物”,其符号行为的全过程是从编码到解码。人际间的信息沟通就是通过表达者的“编码”和理解者的“解码”共同来实现的。如果没有表达者的编码和理解者的解码,那就没有人际间的思想感情的交流,也就没有了沟通这件事情。表达者的所编之“码”称为“代码”。

例如：

$$(1+2)\times5=15$$

$$(A\rightarrow B)\wedge A\rightarrow B$$

前者为数学编码，意思是：1 加 2，然后乘以 5，等于 15。后者是逻辑编码，意思是：如果 A，那么 B，并且 A，蕴涵 B。它们都是一些运算公式。

编码必须遵循各自编码系统的规则，比如数学系统的规则、逻辑系统的规则。其他如汉语系统的规则，汉字系统的规则，交通系统的规则，网络系统的规则，等等。

在这一章里，我们的主题是讨论“理解”，那么到底什么是理解呢？我们说：理解就是解码。

人际间的沟通过程就是从说话人的编码到听话人的解码过程。说话人把自己的意图编成话语——编码，并把它传达给听话人，听话人根据说话人的编码进行解码，这就是理解。人们在沟通中，编码属于表达，解码属于理解。从编码到解码的过程的图式为：

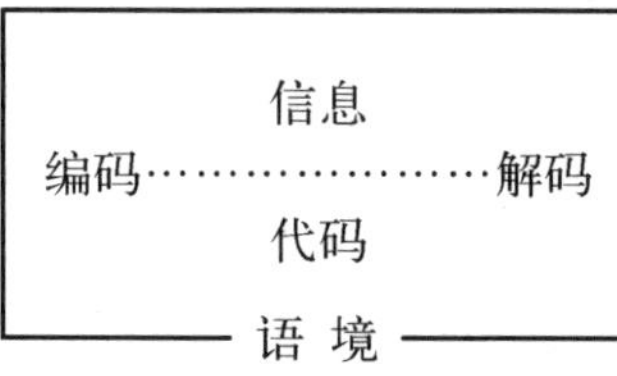

图式的意思是说,表达者应用代码进行编码,把信息传达给理解者,也就是表达者表达的意思 m_2;理解者根据代码把这些信息理解为 m_3。m_3等于或者近似于 m_2。公式为:

$$M_3 \subseteqq M_2$$

读作 M_3相似或等于 M_2。作为表达的效果,即语效 E。也就是说,理解者的解码信息未必与表达者的编码信息相一致。(这一层意思在前面已经说到了。)

例如:

甲:tongzhi getuan tuanzhang dao tuanbu kaihui!

(通知各团团长马上到团部开会!)

乙:shi! tongzhi getuan tuanzhang dao tuanbu kaihui!

(是! 通知各团团长马上到团部开会!)

这是汉语的两个军人的口语会话。甲是首长,乙是传令兵。甲的话是编码,乙的话是解码。乙说“是”,表示自己解码了;后面重复的话表示让首长检查自己的解码是否有误。(这样的编码和解码应当是 $M_3 = M_2$。)

甲(信):“乡下常常要翻译一些英语材料,把我的《英华大辞典》寄过来。”

乙(回信):“《大辞典》已随信一同寄出。”

这是用汉字编码和汉字解码的例子。乙虽然没有提到解码,但从回复的内容(语境)看他已经解码了,因为他把《英华大辞典》寄给了甲。复信是乙的解码,同时也是乙的编码,乙说“《大辞典》已随信一同寄出”,开始了从解码到编码的逆过程:解码者成为编码者,原来的编码者在收到回信时成了解码者。沟通中说话人和听话人角色的每一次转换,都是解码者和编码者的转换。

“你讲我懂”,“讲”是编码,而这个“懂”字就是解码。在沟通中,“懂”最为重要。其实在沟通中,理解比表达更为重要:固然没有表达就没有理解,但表达只是理解的前提,如果没有理解,表达也是白搭,一切归零。但如果理解了,大功告成,一切如愿。所以,理解万岁!(而不是“表达万岁”。)

(三)译义和释义

解码有两种方式:译义和释义。

译义作为一种理解方式,即在理解的过程中,不考虑或基本不考虑语境因素,只是根据说话人的编码,直接地翻译或重述就行了。比如前面部队首长和传令兵的对话就是译义的例子,应当说传令兵理解无错。

> We study English every day.
>
> 我们每天学英语。

这是对外语的译义。

> 子曰:“君子博学于文,约之以礼,亦可以弗畔矣夫。”
>
> (孔子说:“君子广泛地学习文章典籍,并以礼约束自己,也就不会离经叛道了。”)

这是把古汉语译为现代汉语,也属于译义。

又如:

> 今年端午节是6月18日。

对于这样的话语的理解,听话人无须考察语境就能解码,同样属于译义。

释义作为解码方式,是沟通中更为重要的一种。据说古希腊众神的信使赫尔墨斯(Hermes)向人们传达神谕时总是对神谕进行一番解释，使诸神的旨意明明白白地为人们所理解。"hermeneuein"（释义）一词就是以"Hermes"为词根的。

如果说译意是对说话人的编码的译述，那么释义则要根据语境对编码进行具体的解释了。例如：

今天是端午节。

如果是两个人的口语对话，因为具有临场性，无须考虑语境，只是译义，但如果是往年的信件或书本上的话，那就得考察是哪一年的端午节，因而属于释义。

生当为人杰，死亦为鬼雄。至今思项羽，不肯过江东。

这是北宋李清照著名的《绝句》诗。要明白这首诗的意义就必须弄明白诗的具体背景。比如"至今"是指北宋而不是今天的21世纪；"人杰"和"鬼雄"是什么意思？有什么来历？项羽是谁？他为什么不肯过江东？因此要对这首诗的编码进行解码，那就不得不请上帝的信使赫尔墨斯先生为我们作出明明白白的释义了。

释义是以听话人为中心的一种再创造的解码过程。在释义中，听话人完全不是消极被动的，而是根据说话人的编码创造性地利用各种语境因素逆向地一步步追溯说话人编码的本意,尽情地发挥而又不离本意。

例如:

> 一次,美国记者在采访周恩来总理的过程中,无意中看到总理桌子上有一支美国产的派克钢笔。那记者便带有几分讽刺地问道:"总理阁下,你们堂堂的中国人,为什么要用我们美国产的钢笔呢?"周总理听后,风趣地说:"谈起这支钢笔,说来话长,这是一位朝鲜朋友的抗美战利品,作为礼物送给我的。我无功不受禄,就拒收。朝鲜朋友说,留下做个纪念吧!我觉得有意义,就留下这支贵国的钢笔。"

美国记者的编码是:你们堂堂的中国人,为什么要用我们美国产的钢笔?周恩来总理自然懂得他的用意,这个"懂"就是解码。可是记者的编码是个问句,对问句的回答就需要释义,而这释义同时又是编码。(上帝的信使赫尔墨斯先生为我们作出明明白白的释义都是编码。)周总理的释义包括了对记者"几分讽刺"的解码。

在人际的沟通中,从说话人的编码到听话人的解码,这是一个信息传播的过程。有趣的是,信息这个东西与物质的东西不同，比如我给你一件物品，你得到了它，而我则失去了它。信息呢？说话人通过编码给听话人输送信息，听话人通过解码获得了这些信息，而说话人并没有失去这些信息，他依然拥有这些信息。这就叫作“信息共享”。沟通就是为了信息共享，信息共享就可以合作共事，甚至办成大事。信息共享，说话人和听话人实现了“双赢”。

教师的职业就是实现和学生的“信息共享”。（多么崇高和快乐的职业啊！）所谓“传道、授业、解惑”都是编码；“先生讲，学生听”就是从编码到解码。学生考试就是解码。

读书就是解码，作者都是编码者，读书是读者和作者的信息共享。关于读书，杨绛先生有一段非常生动的话：“读书好比‘隐身’地串门，要参见钦佩的老师或拜谒有名的学者，不必事先打招呼求见，也不怕搅扰主人。翻开书面就闯进大门，翻过几页就登堂入室，而且可以经常去，时刻去。如果不得要领，还可以不辞而别，或者另找高明，和它对质。”读书如此，何乐而不为也。

（四）个体知识和公共知识

我们每个人的生活环境不同，背景不同，形成的知识体系也不尽相同。但一个理解过程，必然需要交际双方拥有一定的公共知识,也就是双方都知道他们共同拥有该知识。公共知识的一种重要的使用方式就是预设。

预设这一概念是由德国哲学家、逻辑学家弗雷格(G. Frege)于1892年首次提出来的。自20世纪70年代以来,它日益成为逻辑学家和语言学家共同关注的话题。在语言学界预设通常又被称为“前提”,而在逻辑学界,为了与推理中的前提(premise)相区别,人们一般都把它叫预设(presupposition)。

预设是指暗含在语句中的一种预先设定的信息,在交际中通常表现为双方都可理解、都可接受的同种背景知识。这只是对预设内涵的一般概括。那么,预设究竟是什么?它有哪些重要特征呢?

第一,从语言信息的传递特点来看,话语的信息通常可分为预设和断言两部分。就其在话语中的表现来说,预设是没有明确的、直接表达出来的信息,它通常蕴藏在现存的话语断言之中。请看下面的几个例句:

(1,a) 请帮我把门打开。

(1,b) 小王把那些衣服洗了。

(1,c) 您喜欢红色的那件衣服,还是蓝色的那件?

通过分析,我们发现,上面三个句子至少分别包含了如下的预设:

(2,a) 门是开着的。

(2,b) 那些衣服是脏的。

(2,c) 顾客已有意向购买衣服。

很显然,从听话人的角度来看,预设并不是话语(1,a)、(1,b)、(1,c)直接表达的意思,而是人们透过这些话语的表层并根据逻辑语义分析出来的信息。

第二,就成功的交际来说,预设总是表现为一种"无争议信息"。

这种"无争议信息"(noncontroversial information),也就是交际双方都可理解、都可接受的背景知识。我们认为,这一点正是预设最本质的特征。在日常交际中,可能有如下的父子对话:

孩子:"爸爸,今天天晴了!"

爸爸:"那你准备一下,我们马上去动物园。"

这里,发生在一对父子间的语言交流之所以能够实现,就是因为双方具有共同的背景知识,即双方都有如下共识:如果天晴,爸爸就带儿子去动物园。如果没有相应的共识,就难以成功地实现上述对话。

在日常交流中,理想的表达和有效的理解往往需要双方有共同的预设。倘若交际的一方不能理解或接受对方的预设,那么对方就得对预设作出分析和解释,从而把预设这种“隐性的前提信息”转化为“显性的断言信息”。比如,有一段发生在母亲和孩子之间的对话:

母亲:孩子们,今天的早餐我们吃三明治好吗?

玛丽:好的,我非常喜欢。

约翰:妈妈,三明治?那是什么东西?

母亲:它是一种非常好的食品,主要由两片面包组成,中间夹些肉等东西。

约翰:好的,那我也喜欢。

在这个对话中,由于刚开始时,母亲认为她的孩子都知道三明治为何物,然而实际上只有玛丽能理解,约翰不理解。于是母亲不得不先把预设的命题解释清楚,即把预设的信息转化为断言部分的信息以便让约翰也能理解。这也就要求我们在交际中,常常得看对象说话,要因人而异,该讲的就讲,该多讲的就多讲,不该讲的就不讲,不该多讲的就不多讲。如果不该多讲的却絮絮叨叨地讲个不停,听话人就会觉得你背时、啰唆。

第三,如果把句子直接表达于外的命题称为“显前提”的话,预设就是蕴藏于内的“隐前提”。从逻辑命题的真假方面考虑，预设为真是确保“显前提”具有逻辑真值（Truth value）的必要条件，也是保证语句获得真结论的必要条件。具体来说，如果预设为假，则“显前提”没有逻辑真值，即这个“显前提”既不能取真值，也不能取假值，而只能取“无意义”（可用符号表示为“#”）的值。比如下面的语句：

(3,a) 老张已经戒酒了。

(3,b) 老张还没有戒酒。

(3,c) 老张原来是喝酒的。

这里，(3,c)既是(3,a)的预设，也是(3,b)的预设。假如事实上老张并不喝酒，那么(3,c)这个预设就是虚假的。这样，(3,a)和(3,b)就缺乏逻辑的真值，即它们既不是真命题，也不是假命题，而是“#”命题。

英国逻辑学家斯特劳逊曾经讨论过类似的问题，他认为“法国现在的国王是英明的”就是一个没有真假的命题，因为现今法国已经没有国王，根本谈不上英明不英明，因此，“法国现在有国王”就成了判断“法国现在的国王是英明的”这一命题是真还是假的一个前提条件。

预设逻辑与一般命题逻辑的明显区别在于：前者是三值逻辑，它取真、假和“无意义”三个值；后者则是二值逻辑，它只

取真和假两个值,一个命题非真即假。预设逻辑“否定”的真值表如下:

p	¬p
1	0
0	1
#	#

同在自然语言的推论中,如果预设为假,那就不能保证获得真实的结论。因为获得真结论需要两个条件:① 前提真实;② 形式有效。预设在推论中常常表现为省略的前提,假如省略前提虚假,那么结论自然不可能保证是真实的。

第四,从预设与它所依附的语句这两者之间的相互关系上看,由于在语言交流过程中预设总是表现为传受双方共同的知识背景,因而在正常情况下,交流双方所使用的语句尽管形式上很不相同,但它们预设的语句往往是相同的。例如下面的句子:

(4,a)《双城记》是肖琳读过的唯一的一部外国文学名著。

(4,b)《双城记》不是肖琳读过的唯一的一部外国文学名著。

(4,c) 肖琳读过《双城记》。

倘若说话的一方使用(4,a)这个肯定句,另一方则使用(4,b)这个否定句,(4,a)与(4,b)虽然是不同形式的语句,但在特定的语境中它们都预设了(4,c)。

有的逻辑学家提出了预设可以用“否定检验法”加以测试,他们认为,语句 s′是语句 s 的预设,当且仅当它可由 s 和非 s 共同推出。请看下面的例句:

(5,a) 小王忘了去上课。

(5,b) 小王没有忘记去上课。

(5,c) 小王本来应该去上课或打算去上课。

这里,(5,c)是(5,a)和(5,b)的预设,因为根据“忘记”这个预设触发语,我们可以由(5,a)和(5,b)这两个互相否定的语句共同推出(5,c)。

在日常语言交流中,我们常常遇到这样的语句:“小钱今天又醉了。”“老张后悔说了过激的话。”这两个句子分别预设“小钱曾经醉过”“老张说了过激的话”。其中语词“又”“后悔”是预设的触发因素。这说明预设往往同某些特定的词语相联系,人们因此把产生预设的特定词语称为预设触发语(Presupposition-triggers)。

某些形式不同的语句虽然不能使用“否定检验法”,但它们仍然可以有共同的预设。例如,下面的问句和答语:

(6,a) 李老师为什么能那么快就评上教授?

(6,b) 李老师之所以能那么快就评上教授,是因为他的科研成果比较多。

(6,c) 李老师已经评上教授了。

这里,(6,a)是问句,(6,b)是答句,语句形式不同,但它们有共同的预设:(6,c)。

二、倾 听

(一) 什么是倾听

《孟子》中讲了一则故事:

今夫弈之为数,小数也;不专心致志则不得也。弈秋,通国之善弈者也。使弈秋诲二人弈，其一人专心致志，惟弈秋之为听；一人虽听之，一心以为有鸿鹄将至，思援弓缴(zhuó)而射之。虽与之俱学，弗若之矣。为是其智弗若与？曰：非然也。

故事说，两个人同时跟弈秋学围棋，一人专心致志地听弈秋讲解，另一人却思想开了小差。那么两人的学习效果将怎么样呢？自然大不相同了。

在日常生活和工作中，人们要花很多时间听别人说话。研究表明，北美大型公司的大部分员工每个工作日约有60%的时间花在听别人说话上。听别人说话是听话人对说话人编码的解码最为根本的条件：不听说话人说话，那怎么解码呢？没有解码，理解也就根本不存在了。

然而"听"和"倾听"不是一码子事：听是声波传到耳膜引起振动后经听觉神经传送到大脑皮层的过程；倾听是大脑将这些电化学脉冲重构为原始声音的再现，再赋予意义的过程。听，如果不是倾听，不专心致志，只是装装样子而已；即使礼貌地注视和频频点头，也只是表演而已。听，如果只是听见而不是倾听，同样不能解码，理解也同样是不可能的。

那么，究竟什么是倾听呢？

《沟通的艺术》一书两位作者罗纳德·阿德勒和拉塞尔·

普罗科特给出的定义说：

> 至少从人际沟通的角度，倾听是弄懂别人所传达的信息的过程。

这个意思是说，倾听是这样一个过程：弄懂别人所传达的信息的过程。倾听就是竖起耳朵来听，全神贯注地听，专心致志地听，也就是听“懂”。

作者还解释说：传统的倾听方法聚焦于接受别人“说出来的”信息。然而，我们拓宽了倾听的定义，使之涵盖所有种类的信息，包括阅读。因为现如今很多倾听是通过媒介渠道发生的，其中有一些涉及“打出来的”文字。

这就是倾听！

（二）倾听的要素

倾听有五个要素：听到、专注、思考、回应和记忆。

1. 听到

听是倾听的生理维度。当声波以一定的频率的响度撞击我们的内耳时，我们就听到了。“听到”是倾听的第一要素，没有听到，哪会有倾听，哪会有解码和理解呢？例如：

妈妈：阿毛，去把垃圾倒掉！

阿毛：（在写作业。未应。）

妈妈：听到了没有？

阿毛：听到啦！去把垃圾倒掉。我马上就去！

妈妈叫阿毛“去把垃圾倒掉”，这是个命令句，妈妈不在现场，因为没有听到阿毛的回应，妈妈重复了这个命令。只有当妈妈听到阿毛说“听到了”的时候，才算证实妈妈的编码已经传达给了听话人；“听到啦”“我马上就去”，表示阿毛已经解码，母子俩沟通成功。

为了让听话人“听到”，说话人必须量度自己与听话人之间的距离，准确地控制音量，相应地调整说话方式。如果距离较远，就要说得大声一点，慢一点，清晰一点，让听话人能够比较轻松地接受相关的信息。

2. 专注

听到是一个生理过程，而专注则是一个心理过程。所谓专注，就是集中精力，全神贯注，专心致志。一个专注的人，往往能够把自己的时间、精力和智慧凝聚到所要干的事情上，从而最大限度地发挥积极性、主动性和创造性，努力实现自己事业的目标。在倾听中专注，其含义也是如此。

请看下面的故事：

从前，波兰有个叫玛丽亚的小姑娘，学习非常专心。有一次，玛丽亚在读书，姐姐和同学在她身边唱歌、跳舞，她全然不在意。姐姐和同学想试探她一下：在她身后搭起几张凳子，只要她一动，凳子就会倒下来。时间一分一秒地过去了，玛丽亚读完了一本书，凳子仍然竖在那儿。姐姐们服了。

玛丽亚长大后成了伟大的科学家。她就是居里夫人。

“功夫不负苦心人”，专注于倾听（包括专心读书），其益无穷，其乐无穷。

专注与选择有关：有所专注也就有所舍弃。因为我们身边的信息量远远超出我们所能处理的限度，所以知觉的第一个任务便是选择，选择那些有益于我们认知的信息。面对海量的信息，如果对每一个信息都“专注”的话，那我们一定是“疯”了。所以我们必须过滤掉一些信息，将注意力集中到重要的信息上。我们的愿望、需求和兴趣决定了我们专注的焦点。

专注不仅有利于听话人理解信息，也提高了说话人发送信息的兴趣和质量。当讲堂上鸦雀无声都在专注于倾听的时候，说话人也会精神振奋，专注于他的话语，于是精彩迭出，让听讲人享受一次丰盛的精神会餐。

3. 思考

人们都有一个大脑和两只耳朵，大脑用来思考，耳朵用来倾听。当我们在用耳朵倾听时，大脑也没闲着。真正善于倾听的人，总是在思考中聆听来自别人的讲述。群山威武却依然聆听小溪的叮咚之响；垂柳轻柔却依然倾听风的细语。人是自然的主宰，学会倾听中思考，将会带给我们丰硕的成果和无穷的乐趣。

请看《战国策·邹忌讽齐王纳谏》一文所讲述的故事：

齐国相国邹忌是一位美男子，早晨对着镜子问妻子："我跟城北徐公谁美？"妻子说："徐公怎能比得上你呀！"徐公是齐国最有名的美男子，邹忌不自信，又问妾和来访的客人，他们也都说他比徐公美。明日徐公来，仔细端详徐公，自以为不如。夜里睡觉时他想：妻子私我，妾畏我，客有求于我，所以都说我美于徐公。于是他进朝见齐王，说出自己的想法。他说："齐国的宫妇左右莫不私王；朝廷之臣莫不畏王，四境之内莫不有求于王，由此观之，王之弊甚矣！"

齐王一边倾听一边思考，听完了邹忌的话，只说了一个字：

“善!”他采纳了邹忌的意见,有赏征集全国臣民的批评意见,于是出现“门庭若市”的进谏之潮,齐国大治。

思考是倾听的基石,倾听赋予了思考的灵动,智者总是善于思考着倾听的。思考着倾听,是我们成功的良伴。

4. 回应

对信息作出回应,包括对说话者给予明确的反馈。好的倾听者会使用非语言行为来表现他们的专注,例如保持眼神交流,用适当的面部表情和姿态作出反应。当然言语行为,比如回答说话人提出的问题,交换彼此的想法,也可以证明倾听者是否专注。相反地,如果听话人姿势不自然,频频打哈欠,那就向说话人发送一个信息:听话人没有关注他在说什么。

具体说来,倾听者有四种回应方式:确认、附和、开诚布公以及和说话人保持一致。

确认。可以通过译义或释义的方式重述说话人所传达的信息。例如:

说话人:我是很想去,可是我怕负担不起。

回应1:你说你很想去,可是你负担不起。

回应2:所以如果我们能一起想办法,帮助你负担这笔钱,你就愿意和我们一起去了,是这样吗?

回应1是译义,回应2是释义。两者都是确认。

附和。鼓励说话人继续说下去,比如说"好!""没错!""有意思!"或者点头、微笑。

开诚布公。告诉说话人自己是怎么想的,有什么感受。

和说话人保持一致。除语言外还在非语言性的行为中表示自己的合作,也就是语言和非语言行为彼此呼应。

回应作为倾听的一个要素,说明了沟通的本质是交流。倾听并不只是一种被动行为。作为倾听者,我们应当积极地参与到沟通交流中去,在接收信息的同时也发送信息。

《沟通的方法》中举过一个这样的例子。客服接到一个用户的电话投诉,说收到的商品有破损,很生气。他该怎么反馈?如果他只是不断跟客户道歉,说"你别生气,你别着急",甚至被对方暴跳如雷的情绪带着走,就没法听懂顾客真正的意思,越是跟顾客说别生气,就越是在火上浇油,把一起针对公司的投诉变成了私人恩怨。

此时的回应,需要充分考虑事实、情绪和期待三个要素。事实是对方收到了一件破损的商品。他的情绪是生气和着急;他的期待是赶紧换货,最好还能补偿他的损失。所以,现在要做的回应不是跟他发生情绪上的纠缠,而是首先承认他不应该有这样的遭遇,然后承认错误,道歉,紧接着跟上一句"我马上给您补发新的商品,并且同步发您一个小礼品,希望能弥补一点点您的损失”。

5. 记忆

记忆是记住信息的能力。如果我们无法记住自己听到的信息,便会枉费我们对于倾听所付出的劳动。研究表明,大部分人对刚刚听完的信息只能记得50%的内容;8小时后降至35%;两个月后平均只记得25%。

当然,人们的记忆能力并不是相等的,有的人记忆能力很差,甚至听过就忘,但也有人记忆极好,过目不忘。

东汉末年,益州名士张松去见曹操,言语间冲撞了曹操,曹操不悦。曹操部下杨修取出曹操新著《孟德新书》,以示张松。张松从头至尾看了一遍说:“此书吾蜀中三尺小童亦能背诵,何为新书?”于是朗诵一遍,竟无一字差错。杨修大惊曰:“公过目不忘,真天下奇才也!”

当然像张松这样的记忆天才固然天下少有,但是有意地记忆一些书面或话语信息还是能够做到的。心理学把记忆分为机械记忆和理解记忆,如果你听懂了信息内容,是可以留下一些记忆的,甚至长留脑际。

听报告记笔记是个好习惯。“紧记不如淡墨”,记笔记可以弥补记忆力的不足。

（三）倾听的障碍

1. 信息不对称

所谓“信息不对称”的意思是说，说话人和听话人之间的信息供需关系不协调。也就是说，说话人提供的信息不能满足听话人的需要，导致听话人无法倾听下去。

一种情况是，说话人提供的信息量太大，或者过于艰深，超出了听话人的接收能力。要专注于这信息洪流特别困难，即便听话人知道这些信息是重要的，也难以倾听下去。

另一种情况相反，说话人提供的信息过于稀松平常，你知我知天下人尽知，要想倾听也很难坚持下去。

还有一种情况，听话人将注意力放在自己关心的问题上，而说话人偏偏不说这些问题或者说得过于简单，颇令听话人失望，于是不想倾听下去。这种情况通常称作“先入为主”。

再有一种情况就是兴趣各异，两条道上跑的车。你说东他说西，你赶鸭子他撵鸡，你说东家门楼子，他说西家马屁股头子。说得难听一些，叫作“鸡对鸭讲”，彼此都不愿意倾听对方传达的信息。

总之,信息不对称,"酒逢知己千杯少,话不投机半句多"啊!

2. 注意力漫游

就生理层面而言,要做到倾听也是一件不容易的事。研究表明,人类有能力在一分钟倾听 600 个字,但是通常人们在一分钟只能说 100 到 150 个字。如果把这多余的时间用来思考、理解、记忆,那是多么好的事情! 可是一些听话人却用来做"白日梦",思想开小差。比如孟子讲过那个弈秋教二人下围棋的故事:"其一人专心致志,惟弈秋之为听;一人虽听之,一心以为有鸿鹄将至,思援弓缴而射之。虽与之俱学,弗若之矣。"思想开小差,又怎么能够倾听呢?

3. 过早否定

比如说,当我们听到某些熟悉话题时,就很容易漠视对方,自以为早知道了,或者认为对方的想法太简单、太肤浅,对自己没有什么益处,因而无须继续倾听下去了。其原因一是错误假定,二是期望值过高,但都是影响倾听的因素。

4. 噪声干扰

从物理学的角度来看,噪声是发声体无规则振动时发出的声音,是音高和音强变化混乱,听起来不谐和的声音。简单而通俗地说，噪声就是妨碍人们正常休息、学习和工作的那些声音。比如街道上的汽车声、安静场所的说话声、建筑工地的机器声，以及邻居电视机过大的声音，等等，都是噪声。在噪声干扰下，倾听是非常困难的。

5. 听力原因

人体在心血管致病因素的影响下，往往使耳蜗早于心肌出现病理改变，并损害耳蜗的功能，引起耳鸣、耳背和听力下降。噪声或声音过大会刺激耳膜，长时间的噪声干扰，也会导致听力下降，甚至失聪。另外，神经细胞对缺氧的耐受力差，如果听觉神经完全缺氧超过两分钟，就会出现不可逆转的病理损害，使其功能下降或丧失。总之，听力不好，自然会影响倾听的效果。

（四）有效倾听

1. 多听少说

古希腊哲学家芝诺说："我们生来有两个耳朵，却只有一个嘴巴，就是为了让我们多听少说。"如果你真想了解说话人所传达的信息确定的含义，那你就不能喋喋不休，一味地把话题转移到自己的想法上来。当然，少说并不意味着只听不说，必要的反馈也是理解说话人话语内容的重要方式。但要记住：别说太多的话，听比说更重要。

2. 摆脱注意力分散

倾听时往往有一些来自外部环境或者内部原因的干扰，比如噪声干扰、身体不适，如果你觉得从说话人那里获得相关信息真的很重要，那你必须消除那些让你分心的内在和外在的各种干扰，聚精会神，“惟弈秋之为听”。

其实，这是个认知问题。当你认识到说话人所传达的信息对你的特殊重要性时，你就会“把耳朵竖起来”听，管它天崩地塌。

3. 抓住重点

在倾听时，面对说话人的长篇大论不一定需要付出全部精力。对方说话，一般都有中心思想和若干要点的。利用你思考的速度比对方说话的速度更快的优势，或许能够从一大堆话语中提取出一些重要的观点。如果你还弄不清楚这些重点的含义，那你就边听边想，理出头绪来。抓住了重点，就意味着你的倾听是有成效的，并没有浪费时间。

抓住重点也要求对不同的信息进行判断和区分。很多情侣吵架时经常使用“总是、老是、每次、经常、永远”等类似的词。一方说,你为什么总是忘记我们的纪念日?另一方就会很生气地驳斥,哪有总是,我不就是去年忘记了一次吗?你看,这么沟通,吵架就要升级了,最终很可能以“你不爱我了”和“你无聊不无聊”而告终。其实,对方没有在陈述事实,而是在发泄情绪。其所表达的只是“我觉得你忽略了我,我没有安全感,所以很难过”这样的情绪,这时候另一方要做的,不是跟他辩论事实真相,而是安抚他的情绪。

4. 训练倾听技巧

不要以为每个人都会听别人说话,实际上倾听也是有技巧的。比如:鼓励对方先开口,让对方有受尊重的感觉;营造轻松舒畅的氛围;同对方保持视线接触;给予对方真诚的赞美;适时提问;恰当地运用肢体语言;边听边思考,整理出自己的心得,等等。这些技巧,可以从自己的实践中总结出来,并且应用于自己倾听的实践。

做一个善听者!

三、理解即是推理

“关联理论”认为,交际过程包括明示和推理两个方面:从说话人的角度上说,交际是一个明示的过程:说话人向听话人传递某种信息和交际意图。从听话人的角度上说,交际是一个推理的过程:听话人从说话人用明示手段提供的信息中推断出说话人的交际意图。言语交际就是从说话人的明示到听话人的推理的动态过程。

明示是表达,是编码;推理是解码,也就是理解。简言之,理解即是推理。听话人以说话人的明示(编码)为前提,按照推理规则推出结论,这结论就解码,亦即理解。

(一) 直接推理

前面所说的译义就是直接推理。例如那个指挥员与传令兵的对话,就是一个直接推理。公式为:

A,所以 A

前面的 A 是指挥员的编码,后面的 A 是传令兵的解码,即理解。A=A。

直接推理还有其他形式。例如:

甲:有的歌唱家还会作曲。

乙:你是说,有的歌曲是歌唱家自己创作的?

甲：是呀！

公式为：

有的 A 是 B，所以有的 B 是 A

这叫换位法。

（二）三段论

三段论是由三个判断组成的，其中两个判断是前提，一个判断是结论。例如：

甲：喜欢玩蜗牛的孩子都有些怪。我小时候就喜欢玩蜗牛。

乙：你小时候有些怪。是吗？

这就是一个三段论推理。这个推理有三个判断："喜欢玩蜗牛的孩子有些怪""我小时候喜欢玩蜗牛"和"我（你）小时候有些怪"。这三个判断中含有三个概念："喜欢玩蜗牛的孩子"（中项 M）、"有些怪"（大项 P）和"我"（对方说"你"。小项 S）。（这三个概念两两重复。）甲说的两个判断是前提，乙从甲说的话中推出了结论,也就是乙的理解。

这个推理的三个概念中,中项(M)“喜欢玩蜗牛的孩子”最重要,它是小项(S)和大项(P)的中介环节,三段论推理正是通过中项把小项和大项连接起来成为结论的。这个三段论推理的公式是:

M是P,S是M,所以S是P

常用的三段论还有两种形式:

P是M,S是M,所以S是P

M是P,M是S,所以S是P

三段论推理有很严格的规则,要进行三段论推理,必须掌握这些规则。

在日常沟通中,三段论推理的形式应用是非常灵活的。例如:

甲:鱼不用肺呼吸,海豚用肺呼吸。

乙:所以海豚不是鱼。

甲:先到的买票,小乙先到。

乙:那只好我来买票啦!

都是三段论。

(三)“如果”推理

“如果”是一种条件推理:“如果”是前件,“那么”是后件,“如果”句肯定前件就得肯定后件。例如:

> 甲:如果你做我的徒弟,我教你太极拳。
>
> 乙:那我就拜你为师。

甲的话是“如果”推理的大前提,乙的话是小前提。结论呢?在语境中省去了。结论应是:“你教我太极拳吧!”或者甲说:“我教你太极拳。”公式为:

如果A,那么B,A,所以B

“如果”推理的另一形式如:

> 甲:如果你做我的徒弟,我教你太极拳。
>
> 乙:我不学太极拳。

结论的意思说是:我不做你的徒弟。公式是:

如果 A,那么 B,非 B,所以非 A

(与“如果,那么”条件推理相关的是“只有,才”的推理。规则上同“如果,那么”相反。)

(四)“或者”推理

“或者”是一种选择的推理。例如:

甲:明天上午在会馆或者公园见面。

乙:我们不去会馆。

结论是:“我们去公园。”公式为:

A 或者 B,非 A,所以 B

(与“或者”选择推理相关的是“要么”的推理。规则上同“或者”也有所不同。)

(五)二难推理

二难推理相对地有点儿复杂,它是“如果”和“或者”相结合的一种推理。例如:

甲：如果刺激老虎，那么老虎要吃人；

如果不刺激老虎，那么老虎也要吃人。

或者刺激它，或者不刺激它。

乙：知道了！老虎都要吃人的。

公式是：

如果 A 那么 C，如果 B 那么 C，A 或 B，所以 C

二难推理还有其他形式。

（六）归纳推理

如果说“如果”推理是从一般推出个别，那么归纳推理就是从个别推出一般。例如：

甲：鸡生蛋，鸭生蛋，麻雀生蛋，老鹰生蛋，孔雀生蛋……

乙：明白了，所有鸟类都是生蛋的。

公式是：

A_1是 B，A_1是 B，…，A_n 是 B，所以 A 是 B

需要注意的是，归纳推理的结论不是必然为真的，因为前提中列举的鸟并非穷尽了所有的鸟,或许有一种鸟类不是生蛋的。

(七) 类比推理

类比推理相当于打比方,是从个别推出个别的推理。例如:

老人甲:监狱里的犯人无所事事,监狱规定每天都要放风。

老人乙:是呀!我们老人也不要成天猫在家里,得出去散散步。

公式是:

A 与 B 相似,A,所以 B

类比推理也不是必然为真的推理。

四、异 解

理解是衡量说话人表达语效的尺度,也是衡量听话人理解能力的尺度。然而由于各种原因,理解变了味,但并不都是误解,恰好相反,有的却是妙语。

(一) 形形色色的异解

1. 误解

误解是理解的失误。《沟通的艺术》的作者阿德勒和普罗科特说:“语言就像下水道:只有在出问题的时候我们才会去注意它。”“由误解造成的问题并不总是显而易见的,而且它们往往发生得比我们想象的更频繁。”人们往往高估了自己的表达能力,也高估了对方的理解能力,以致出现了这样那样的理解错误。

例如:

> 某人要去东北,问一东北朋友,去了东北,旅店多不?贵不?东北朋友说:“旅店哪贼多,可哪都是。”某人惊恐道:“贼多?那宾馆呢?”东北朋友说:“也贼多,但比旅店少。”某人遂决定住宾馆。

“贼多”,是东北方言“很多”的意思。显然因为方言的原因,他误解了。

2. 曲解

曲解是理解者有意背离说话人的原意,故意作出有利于自己的释义。例如从前有一对夫妻,他们之间有下面一段对话:

> 夫:《孟子》曰:"齐人有一妻一妾。"我想娶个妾。
>
> 妻:我想再招一夫。《大学·序》中说:"河南程氏两夫。"

这对夫妻都论证了自己的想法有理,而且根据都是经典。男人说的果然为孟老夫子所说,而女人呢,她把原文"河南程氏两夫子出"一句话删去了"子出"二字,曲解了原意。("河南程氏两夫子"指北宋大儒程颢和程颐两兄弟。)

这是古人曲解的例子。下面说一个当代的例子:

> 妈妈:这你也懂?早熟啊!
>
> 儿子:在家挨吵,在学校挨考,怎么能不熟?

儿子说的是食物"熟了"的"熟",是对妈妈说的"成熟"的意思的曲解。"吵"也曲解为"炒","考"曲解为"烤"。

3. 歧解

歧解是指一句话可以有两种或两种以上的解释,因此,不同的听话人往往有不同的释义。例如:

> 杀猪的和卖茶叶蛋的打赌。杀猪的说:"铁锤锤蛋锤不破。"卖茶叶蛋的说:"铁锤锤蛋锤得破。"他拿出一个茶叶蛋,用锤子一锤,蛋破了。他说:"不是破了吗?"杀猪的说:"蛋是破了,可我说的是锤子没破呀!"

"铁锤锤蛋锤不破"是个歧义句:一个解释是蛋不破;另一解释是锤不破。卖茶叶蛋的上当了。

在日常生活里,歧解的例子不少。比如"放弃美丽的女人让人心碎":一解是男人放弃了美丽的女人,男人心碎;另一解是女人放弃了追求美丽的权利,女人心碎。"他背着媳妇做了不少事":一解是男人背上背着妻子的时候做事;另一解为他做事不让妻子知道。"咬死了猎人的狗":是狗被咬死了,还是猎人被咬死了呢?"鸡不吃了":是鸡不吃食了,还是有人不吃鸡了呢?

有些词语的意义在话语中容易被混淆,所以在说话的时候应当改换一种说法。比如“早练”容易与“早恋”混淆，改为“晨练”；“接客”容易使人联想起社会上的丑恶现象，改为“接站”；“仪容”可能听成“遗容”，如果改为“仪表风度”就得体了。

4. 别解

别解是，有意地背离话语的原意，别开生面地做出其他解释，传达一个新的信息。例如：

甲：唉，我儿子一直在家啃老。还是你儿子好，出国留学回来，是海归了。

乙：唉！家家都有难念的经。不是海龟，是海带！

甲：什么海带？

乙：海外归来，在家待业！

两人的对话，都是利用谐音，对“海龟”和“海带”都作了另一种解释。

又如下面的广告词：

眼睛是心灵的窗户，请为你的窗户装上玻璃吧！（眼镜店广告）

挺身而出,展示女性最美的曲线。(孕妇服的广告)

趁早下"斑",请勿"痘"留。(某化妆品广告)

大事(石)化小,小事(石)化了。(治结石的广告)

这些广告词都是别解。

别解是一种修辞手段,别开生面,表达效果非常明显。

5. 多解和缺解

多解是指听话人理解的信息大于说话人的信息量。这有两种情况:一是创造性的释义;二是多出的部分不符合说话人的表达意图,属于节外生枝,不属于创造性释义。

缺解跟多解相反,听话人理解的信息小于说话人的信息量。这是由于听话人没有全神贯注地倾听说话人的表达,漏掉了一些信息;或者由于听话人对话题内容缺乏基础知识,即使全神贯注地倾听,也没有听懂全部内容。

6. 不解

不解是缺解的极致情况:听话人对说话人所传达的话语意义一无所知,无法解码,信息量等于零。不解就是"不懂",听话人没有听懂。比如有一位数学家同幼儿班小朋友讨论哥德巴赫猜想,回应的大概都是"不解"。成语"对牛弹琴""问道于盲”,回应的也应该是“不解”。

(二) 异解的发生

1. 语法层次

语法层次是就语言形式而言的,“语法”又曰“语形”。语法包括词法和句法,异解可能发生在词法或者句法上。

有人家里来了一位客人,恰逢连阴雨,客人赖着不走,主人又不好赶他。主人想了一个法子,在墙上贴一张纸条,想让客人自动离开。纸条是这样写的:

下雨天留客天留我不留

那时候没有标点符号,加上标点符号的意思是:

下雨天留客,天留我不留。

客人读了以后,理解为:

下雨天,留客天,留我不?留。

于是心安理得地住了下来。客人的异解发生在句法上，跟词法无关。“咬死了猎人的狗”的不同解释，也是句法上的问题。

杀猪的说：“铁锤锤蛋锤不破。”卖茶叶蛋的说：“铁锤锤蛋锤得破。”两个人的分歧在于：杀猪的把那个“锤”字作名词用，卖茶叶蛋的作动词用。这属于词法。

2. 语义层次

语词的意义是语言使用者共同赋予的。我们都同意“自行车”是用来骑的，“书”是用来读的，“嘴”是用来吃饭和说话的，这都是语义规则让这种认同成为可能。如果离开了语义规则，有人给相同的语词赋予不相同的意义，那就会出现异解。

战国《尹文子》说了一个“周人怀璞”的故事：

> 郑人谓玉未理者“璞”，周人谓鼠未腊者“璞”。周人怀璞谓郑贾曰：“欲买璞乎？”郑贾曰；“欲之。”出其璞视之，乃鼠也。因谢不取。

郑人把没有打理过的玉叫“璞”，东周人把没有制成干货的老鼠叫“璞”。有一个东周人怀里揣着一只死老鼠对郑国商人说：“你想买璞吗？”郑国商人说：“想买。”东周人从怀里掏出死老鼠，郑国商人便辞谢不要了。同是一个“璞”字，因为东周人和郑国人赋予的意义不同闹了误会。这属于词义。

“眼睛是心灵的窗户，请为你的窗户装上玻璃吧！”（眼镜店广告）“挺身而出，展示女性最美的曲线。”（孕妇服的广告）这两句广告具有的两重意义，属于句义。

3. 语用层次

语用意义是指语境中的意义：一句话在不同的语境中往往会产生不同的意义。在日常沟通中，语法和语义规则并不能解释所有的异解，异解中很大部分与语境有关，它们属于语用层次。

例如一位男性老板对一名年轻的女职员说：

> 你今天看起来非常漂亮。

这句话的语法很清楚。那么语义呢？可能是好心的赞美，但也有可能不怀好意。那么它究竟是什么意思呢？只有考察具体的语境才能弄明白。这种语境考察确定的意义属于语用层次。

东北方言“贼多”的意思是“很多”，妈妈说儿子“早熟”，儿子说：“在家挨吵，在学校挨考，怎么能不熟？”老人把儿子从海外归来在家待业，说成“海带”，都属于语用层次。

第四章　说　服

如果我能说服别人,我就能转动宇宙。

——弗里德里克·道格拉斯

一、说而服之

“说服”一词古今读音不同:古时读 shuì fú,现在约定俗成读 shuō fú。“说”是用话语表达思想感情;“服”有服从、信服之意。“说服”的意思就是:用理由充分的话语开导对方,使对方信服。

从我们曾经讨论过的“沟通图式”来看,说服是这样一个过程:说话人有了某种思想感情,于是用话语表达出来,希望听话人接受他所传达的思想感情,收到预期的语效。所谓“说服”不是别的,就是说话人通过话语让听话人经过自由选择,接受了说话人所传达的思想感情,并且付诸行动。说服,是说话人表达的最为理想的语效——“说而服之”。

说而服之需要做好两件事情：一是语言表达；二是心理体认。

(一) 语言

语言是最主要的说服工具，人们通过语言来进行思想感情的交流，实现人际间的和谐关系。没有语言表达就没有思想感情的交流；没有思想感情的交流，自然也就不存在说服这件事情。

鬼谷子说：“口者，心之门户，智慧皆从之出。”高尔基说：“真正的语言艺术，总是朴素的，很生动，几乎是可以感触的。”语言具有神奇的魅力和无穷的说服力量。

例如：

澳大利亚墨尔本女记者帕兰，要采访一位权威专家，可是这位专家非常忙，曾经拒绝许多记者的要求。如果直接提出占用15分钟，可能会被拒绝。帕兰在电话中是这样说的：

在百忙中打搅您很过意不去。我们想请您就海洋保护问题谈谈看法，大概3分钟就够了。听说您日常安排极有规律，每天下午4点钟都走出工作室到室外散步。如果可能，我想就在今天下午4点钟这个时候拜访您。

这位专家答应了,采访从下午 4 点准时开始。当帕兰告别时,时间整整花了 20 分钟。帕兰靠的就是她精心组织的这段话语,出色地完成了采访任务。

再看下面一个故事:

> 从前一个贪官离任时,有个穷书生送给他一块"德政"匾,上面写着"五大天地"四个字。贪官看后非常高兴,但却不知道匾题是什么意思,便问送匾者。送匾的书生解释道:"你一到任时,金天银地;在内署时,花天酒地;坐大堂断案时,昏天黑地;百姓喊冤时,怨天怨地;如今你离开了,谢天谢地。"

这是说服吗?是穷书生要说服那个贪官吗?那当然不是。这是文人编造的故事用以说服读者的,让读者认清贪官的丑恶嘴脸。所以这也是一种说服:说服读者。

(二)心理

成功的说服还与心理相关。"说服心理学"告诉我们,原来人类心理是有一些固定的反映模式的,这也就给说服者说服他人提供了介入点。这里有几个心理学小技巧,值得说服者在说服他人的时候关注。

1. 权威效应

权威效应是指我们会不自觉地服从权威,相信权威。这种心理源于人类的本能以及长期接受的教育,往往是潜移默化、难以改变的。所以当你想要说服别人的时候,不妨多多引用名人名言和典故,这会更容易影响到他人的思想感情。

2. 互惠定理

当别人赠送我们东西的时候,我们会潜意识地产生想要回报的想法。这种心理溯源于我们维护社会形象的冲动。因为互惠互利是人际间交往的一条基本规则,受惠而不去回报他人的人会被大众瞧不起。在人类长达数万年的进化中,这种规则已经融入了人的天性,所以想要让别人帮你做什么事情之前,不妨先给予对方一些好处,而且见证你这种行为的人越多(比如在大庭广众之下),对方回报的压力就越大。

3. 环境影响

当人们处在温暖的环境气氛中更容易放下心理上的戒备,变得更随和,更容易被说服。所以当你想要说服某个人时,最好是在一个温暖的环境下进行。这里还有个小技巧:握手的时候一双温暖的手可以大大减少对方的抵触情绪。

4. 情绪冲击

当一个人的情绪上头的时候往往就会失去理智，此时反而更容易被忽悠洗脑。你想要一个人情绪上头，方法不必太多，比如说出其不意的惊吓，可以让对方进入惊恐状态；讲一个温情的故事，可以让对方进入感动状态；一定程度的言语刺激，可以让对方进入愤怒状态。一旦别人情绪上头，接下来就要被你牵着鼻子走了。

这几条是一位心理学家说的，很有用，能够帮你更好地去说服他人，影响他人。

这里也有一个例子：

> 甲去买烟，烟29元，但他没有火柴，跟店主说："顺便送一盒火柴吧！"店主没给。乙去买烟，烟29元。他也没火柴，跟店主说："便宜点，一毛吧！"他用一毛钱买了一盒火柴。

这是最简单的心理边缘效应。做生意是要赚钱的，甲要店主"送"一盒火柴，店主拒绝；乙给钱了，即使一毛钱，也是"买"的。

说服不会是在对话双方思想感情一致的情况下进行的，因为那不需要说服；说服总是在对方不同意的情况下进行的。可是要对方改变观点并不是一件容易的事情，所以说服往往表现为一个渐进的过程。其图式大体是为：

不！→不可能→不合理→不大合理→令人怀疑→也许可考虑→合理的→可能的→是！

听话人就是这样由“不”到“是”，一步步转变了观念，被说话人说服了。

下面举一个经典的说服例子：

战国时期，秦国攻打赵国。赵国向齐国求援，齐国要求以赵太后的小儿子长安君为人质。太后宠爱小儿子，拒绝齐国的要求，并拒绝大臣们的一切劝谏。老臣触龙面见赵太后，询问太后的饮食起居情况，这种诚恳的关心让太后的抵触情绪缓解下来。紧跟着，触龙提出让自己小儿子到宫廷当侍卫的请求，这让太后产生了“可怜天下父母心”的认同感和亲切感，放下了怒气和敌对情绪。随后，触龙提出“爱护子女就要为子女的长远利益考虑”的观点，并拿出其他王侯子孙没能维持长久富贵的例子作证明，委婉地道出长安君到齐国为质这件事对赵国和长安君个人将来的意义和长远的好处。触龙的话都是从太后自身的角度和利益出发考虑的,这种同理心让太后顺利接受了他的劝谏,送长安君到齐国为质,齐国出兵,秦国退兵。

这个例子体现了赵太后从“不”到“是”的被说服过程,也体现了触龙精心组织话语和心理体认的重要意义。

这是说而能服。

二、说服三要素

早在公元前两千多年以前,亚里士多德在他的《修辞学》一书中就研究了说服问题。他给出“说服”的修辞学定义就是:“一种能在任何一个问题上找出可能的说服方式的功能。”亚氏把修辞术看作一种功能——找出说服方式的功能。

亚氏把说服力的来源归结为这样三个方面:品格(ethos)、情感(pathos)和理性(logos),也就是人们通常所说的“说服(说服力)三要素”。

(一) 品格

品格是一个人的基本素质,是人生价值的根本。美国作家爱默生说:“品格是一种内在的力量,它的存在能直接发挥作用,而无需借助于任何手段。”中国古人也有言曰:“大上(太上)有立德,其次有立功,其次有立言,虽久不废,此谓之不朽。”“立德”先于“立功”和“立言”。

中国儒家向来主张以德服人,如孟子所说:

> 以力假仁者霸,霸必有大国;以德行仁者王,王不待大,汤以七十里,文王以百里。以力服人者,非心服也,力不赡也;以德服人者,中心悦而诚服也,如七十子之服孔子也。

意思是说,以德服人,别人内心很高兴地真诚信服,就像孔子门下的弟子拜服孔子一样。

“精诚所至,金石为开。”即使是敌人,也应以攻心为上。诸葛亮七擒孟获,《三国演义》有一段云:

> 孟获垂泪言曰:“‘七擒七纵’,自古未尝有也。吾虽化外之人,颇知礼义,直如此无羞耻乎?”遂同兄弟妻子宗党族人皆匍匐跪于孔明帐下,肉袒谢罪曰:“丞相天威,南人不复反矣!”

早在一擒一纵孟获之时,部下诸多不解,诸葛亮就说过“直须降服其心”，一直到七擒七纵时才完成了“降服其心”的任务。成都武侯祠有一联，其上联云“能攻心则反侧自消，自古知兵非好战”，即此之谓也。

亚里士多德说：“当演说者的话令人相信的时候，他是凭他的品格来说服人，因为我们在任何事情上一般都更相信好人，由于这个缘故，我们对于那些不精确的、可疑的演说，也完全相信。”亚氏还说：“演说者要使人信服，必须具有三种品质，因为使人信服的品质有三种，这三种品质不需要证明的帮助，它们是见识、美德和好意。……任何一个显然具有这三种品质的人，必然能使听众信服。”

1. 见识

培根说过“知识就是力量”，只有说服者具有丰富的知识，才能增强自身的说服力，达到预期的说服效果。在一般情况下，说服者拥有的见识越丰富，见解越高明，说服的效果就越好，见识的高下与说服效果的好坏成正比。反之，“以其昏昏，使人昭昭”显然是不行的。例如：

刘备三顾茅庐，终于见到了诸葛亮。诸葛亮感受到了刘备的诚意，分析了当时的天下大势，建议刘备先取荆州为家，后取西川建基业，以成鼎足之势，然后再图中原。这

> 就是著名的“隆中决策”。刘备闻言,避席拱手谢曰:“先生之言,顿开茅塞,使备如拨云雾而见青天。”

这就是见识的说服力量,使得刘备“顿开茅塞,如拨云雾而见青天”。

2. 美德

中华民族传统美德是由中华民族五千年源远流长的历史、文化凝结而成的社会道德准则,它要求人们重视自身修养,同时又具有强烈的社会责任感和积极的进取精神。它是我国人民几千多年来处理人际关系实践的结晶,也是说服力的重要因素。请看下面的例子:

> 战国时有个叫于令仪的商人,他为人忠厚老实,从来不得罪人,所谓和气生财,打拼一辈子,积攒了一些钱财。有一天晚上,小偷溜进他家里偷窃,被他的几个儿子抓住了,发现小偷就是邻居家的孩子。于令仪问他为什么偷东西,他说实在是贫困所迫。于是,于令仪给他十贯钱。待他离开之前,于令仪又叫住他,说大晚上带着十贯钱离开,可能会惹出麻烦,让邻居孩子明天白天来拿。邻居家的孩子深受感动,最终变成了善良的人。

事情传开之后,大家盛赞于令仪的美德,说他救济了别人,还教诲他成为好人。

3. 好意

好人总是通过自己的言行来表达憎恶扬善之心的。好心终会有好报。

有一位中学老师接管了一个差班班主任工作,正好赶上学校安排各班级学生参加平整操场的劳动。这个班的学生躲在阴凉处谁也不肯干活。老师跟学生们说:“我知道你们并不是怕干活,而是怕热,是吧?”学生们谁也不愿说自己懒惰,便七嘴八舌说,确实是因为天气太热了。老师说:“既然是这样,我们就等太阳下山再干活,现在可以痛痛快快地玩一玩。”学生一听就高兴了。老师还买了几十个雪糕给大家解暑。在说说笑笑中,学生们接受了老师的说服,高高兴兴地干起活来。

一个好人总是能用自己的言行来说服别人、影响别人的。

一般说来,具有美德之人其行为总是出于好意。上例于令仪帮助邻居儿子的事,既是美德,也是好意。美德是品质,好意是动机。

(二) 情感

亚里士多德说:“当听众被演说打动的时候,演说者可以利用听众的心理产生说服的效力,因为我们在忧愁或愉快、友谊或憎恨的时候所下的结论是不同的。”亚氏进一步解释说:“情感包括所有使人改变看法另作判断的情绪,伴之而来的是苦恼或快感,例如愤怒、怜悯、恐惧诸如此类的情绪以及和这些情绪相反的情绪。”他说,对于每一种情绪,我们都应从三方面来分析,比如愤怒:一个常常发怒的人处在什么样的心情?惯于对什么样的人发怒?在什么时候发怒?如果只知其一不知其二,或者只知其一、其二而不知其三,还是说服不了对方的。

人们常说“人是有感情的动物”,人的一切行动都受到感情的影响。列宁说过:“激情热情是人追求真理的本质力量。……没有‘人的感情’,就从来没有也不可能有人对真理的追求。”鲁迅也说“无情未必真豪杰”。林语堂则更进一步指出:“对中国人来说,一个观点在逻辑上正确还远远不够,它同时必须合乎人情。”中华民族更是特别重感情的民族。

以情感人是常用的说服方法。下面几种具体方法可供参考:

1. 待之以诚,情真意切

经验告诉我们,当说服别人的时候,对方最担心你是要把你自己的想法强加于他,甚至是在设法算计他。他担心自己会受到伤害,因此产生逆反心理,在思想上预先砌了一道防护墙,任凭你说得句句在理,他就是拒之于千里之外。在这种情况下,你应当待之以诚,情真意切地感动他,他会自动撤去防线,接受你的说服。

下面是一个感人至深的故事:

男孩失去了母亲,父亲打两份工以维持生计,脾气变得很暴躁,经常打儿子。儿子想安慰父亲,但做不到。一个大冷天,父亲推开门发现儿子居然不在家,累极了的父亲倒头睡去。早晨五点闹铃响过,儿子还没有回来,父亲准备狠狠揍他一顿。当他推开门,发现儿子坐在昏暗湿冷的楼梯上,不停哈气来温暖已经冻得通红的小手。

"你怎么不回家?"父亲有些吃惊。

"对不起,爸爸,我没有带钥匙。"儿子的声音有些颤抖。

"你不会敲门吗? 书都念到哪里去啦?"父亲的嗓门开始提高。

"您每天都只能睡一会儿,我不想打扰您休息,我想等您出门的时候再进去。”

父亲哭了。

2. 寓理于情，由情入理

在说服中，“情”和“理”往往相伴在一起。情是说服的出发点，而理则是说服的归宿。在说服中，寓理于情，由情入理，往往能够取得说服的成功。

例如：

赵国蔺相如因为“完璧归赵”，拜为上卿，大将廉颇不服，多次扬言要当面侮辱相如，相如总是避开。有人不服，问相如为什么害怕廉颇。蔺相如说，我不是怕他，而是以大局为重，因为将相不和，对国家不利。廉颇听到这番言语，幡然悔悟，身背荆条去见蔺相如，虚心认错，请求责罚。于是将相和睦，赵国更强大了。

这就是成语“负荆请罪”的来源。

3. 现身说法，以情育人

明代开国大臣宋濂《送东阳马生序》一文，是为同乡青年马生所写的一篇临别赠言。文中叙述了作者早年求学艰苦、勤奋的情形,勉励马生珍惜今天优越的学习条件刻苦攻读,使自己的道德文章达到“精”和“成”的最高境界。文章通过现身说法,借事明理,以情感人,让后辈从亲切委婉的故事叙述中去领悟要义。文章介绍了作者自己幼年“嗜学”,成人之后“益慕圣贤之道”,这实际上在委婉地告诉马生,他学习能够刻苦并持之以恒的原因就在于此。作者选择三个典型事例,分别叙述自己当时的学习条件、学习态度和学习毅力。三个事例鲜明、生动,这比单纯的议论更为感人,也更容易为马生所接受。

4. 无意说服的情感说服

> 他与爸爸相依为命。他常问:为什么不给他找个后妈?爸爸总是笑着说:此生只爱你妈妈一个!后来他长大成家,爸爸说要结婚,他愤怒地打了那女人一耳光,骂爸爸是个骗子。从此,爸爸再未提及结婚的事。多年后爸爸去世,他整理遗物时发现了一张自己婴儿时的照片,背面是沧桑的字迹:“战友之子,当如吾儿!”

他痛哭失声。“爸爸”无意说明真相来说服“儿子”,“儿子”无意间发现了真相,并被深深的“情”说服和感动了。

我们说“以情感人”,这个“情”应当是纯朴、健康、诚挚的情，而不是庸俗之情。所谓“庸俗之情”，是指那些“狐朋狗友”“酒肉朋友”乃至拉帮结派的“哥儿们”之间的所谓“义气”。这种“义气”失去理性，只讲“关系”，因此在动之以情的说服过程中，要防止庸俗之情的污染，在理性的制约下动之以情，让感情的河流朝着预定的方向流淌，从而打动对方的心灵，实现说服的目的。

（三）理性

亚里士多德说：“最后，当我们采用适合于某一问题的说服方式来证明事情是真的或似乎是真的时候，说服力是从演说本身产生的。”（“演说”，我们推而广之，就是指说服对方的话语。）这最后一种产生说服力的方法，亚氏分为演绎法和归纳法两种。亚氏说，例证法是一种归纳法。例证法是这样一种推理方法：列举一些实例，用以证明自己观点的正确性。亚氏把三段论法称为演绎法，它是一种修辞式推论。

亚里士多德说，修辞式推论是一种或然式证明，也就是说，它不是必然为真的。然而它也是一种论证。作为论证，它也有论题、论据和论证方式。

论题。论题就是真实性需要证明的话语。它所回答的是你要“证明什么”，也就是你要证明的主题。

论据。论据就是用来证明论题真实性的根据。也就是你说你的话是正确的，根据何在？回答的是：你“用什么证明”。

论证方式。论证方式就是用论据证明论题的方式。论证方式所要回答的问题是：你“怎样用论据来证明论题”。

例如：

他是有感情的。因为人都是有感情的，他是人。

在这个论证中，“他是有感情的”是论题；“人都是有感情的”和“他是人”是论据。论证方式是传统意义上的三段论。

说服力的本质在于逻辑的力量。说服者要说服对方，归根到底是要对方相信你提出的一系列的观点的正确性，被你所说服。要做到这一点，最有效的方式就是论证。合乎逻辑的论证具有无可辩驳的力量，即使最顽固的人也会被你折服。正如马克思所说：“理论只要说服人，就能掌握群众；而理论只要彻底，就能说服人。所谓彻底，就是抓住事物的根本。”

所谓理性的说服方法就是“以理服人”。也就是说服者要讲道理，以“理”来疏通对方的思想，使对方获得理性的认知，感到你言之有理，心悦诚服地接受你的观点和意见而没有强制要你接受的感觉。“以理服人”是最基本，也是最重要的说服方法。

为此，“以理服人”需要注意这样几个问题：

1. 真理性

所讲的“理”是正理而非歪理，是真理而非谬论。也就是说，经得起实践的检验。这样的理才能令人信服，达到说服的目的。

2. 通俗性

法国启蒙思想家卢梭说：“千万不要干巴巴地同年轻人讲什么理论……应当使思想的语言通过教育者的心才能为他所了解。”说理要注意通俗性，不要故弄玄虚，让听者不得要领。

3. 现实性

说服者所说之理，要让被说服者感到真实可信，具有现实意义，而不是“老鹰叼斧头——云里雾里砍”，不着边际。

4. 逻辑性

说服需要论证：说服者说出自己的论题（观点），然后用论据（材料）加以证明。这证明就是论证方式，亦即推理形式。例如：

外面很冷。小河结冰了。

“外面很冷”是论题,“小河结冰了”是论据。论证方式是“如果”推理:如果小河结冰了,那么外面很冷。现在小河结冰了,所以外面很冷。

三、说服有方

(一)战略:知己知彼,百战不殆

军事家孙子说:“知己知彼,百战不殆;不知彼而知己,一胜一负;不知彼,不知己,每战必殆。”意思是说,在军事纷争中,既了解敌人,又了解自己,每一战都不会失败;不了解敌人而只了解自己,胜败的可能性各半;既不了解敌人,又不了解自己,那只有每战必败的份儿了。

说服也应当有这样的准备,做一些功课,以确保说服成功。具体说来:

1. 知己

(1)相关知识储备。

（2）相关的心理准备。

（3）说服方法的选择。

（4）把握说服时机。

（5）实施说服计划的精神准备。

2. 知彼

（1）背景：性别，年龄，文化底蕴。

（2）性格。接受意见的态度和能力。

（3）长处和弱点。

（4）对相关问题的理解和观点。

《沟通的方法》中有这样一个例子，从中可以看到由“知己”和“知彼”获得的信息是如何在说服中被运用的。假设你想说服老板增加活动预算，你可以在劝说前对公司的年度计划进行研究，然后告诉领导：“我认真学习了您在年会上的讲话，觉得某某目标特别重要，为了实现这一目标，我做了一些方案，想请您看看。”这么说，就是把你的小目标放进了老板的大目标里，做到了“知彼”。另外，也可以从“知己”切入，通过搜集一些最佳实践，或者制定预算使用方案，用承诺关键成果的方式进行说服。当你对自己的方案以及公司的现实情况、发展计划做足功课，具备了翻译双方目标的能力时，说服就变成了意见水到渠成的事情了。

（二）战术30计

李江《说服的技巧》一书提出30种说服计谋，都是有识之见。这里照单列出，稍作解释。

1. 以理服人

“有理走遍天下。”以理来疏通对方的思想，让对方感到你言之有理，心悦诚服地接受你所讲的道理。这是最基本的说服方法。

2. 以情感人

白居易说：“感人心者，莫先乎情。”用关心和爱护的强烈感情打动被说服者的心灵，把道理寓于情感之中。这也是极为重要的说服方法。

3. 以身示导

“桃李不言，下自成蹊。”说服者用自身的行为来影响和说服对方。这属于说服者个人品格的魅力。

4. 激发需要

美国心理学家马斯洛认为，人类行为的目的是满足自己的基本需要。说服者让对方明白：这样做能够满足自己某方面的需要，所谓“撩起对方急切的愿望”，他就会接受你的说服的。

5. 剖析利害

在摆事实的基础上分析利害得失，说服者可以顺应趋利避害的共同心理打动对方，达到说服的目的。

6. 引起共鸣

有的人持有顽固的偏见，如果直来直去地说服对方往往会碰钉子。聪明的说服者是将注意力从对方敏感的问题上引开，山前山后地闲聊；在找到共同语言后“言归正传”。

7. 对比疏通

“有比较才有鉴别。”说服者通过两种事物的对比来说明所要讲述的道理，使对方受到启发而改变观点，达到说服对方的目的。

8. 实践诱导

例如医科大学生通过实习的实践过程，体验到如果没有真正的知识本领就不可能成为合格的医务工作者。

9. 信息反馈

说服者在说服过程中告诉对方一些相关的重要信息,让对方豁然开朗,认识到“原来如此!”从而转变了观念。

10. 形象说法

说服中为了避免枯燥无味的说教,可以用生动形象的说法,比如打比方,让对方从中“悟”出你所要讲的道理,从而达到说服的目的。

11. 幽默启迪

说服者以风趣幽默的言谈来感染对方,在轻松愉快的氛围中受到启迪,接受说服者的说服。

12. 智激对方

说服者以某种方式激发对方的勇气和热情,按照说服者的意愿办事。例如诸葛亮用激将法智激张飞去战马超,引发段萌关大战,导致马超归服。

13. 定向疏导

有的被说服对象一开始就公然说“不”,表示反对意见,以致说服者很难扭转局面。为了打破僵局,说服者可从最简单而又只能说"是"的问题开始,连续回答一个一个的"是",最后连他原先说"不"的问题也只能说"是"了。古希腊苏格拉底常用这种方法,而且一用就灵。

14. 负向激励

也就是当面批评教育。但是必须讲究方式方法,以取得良好的效果。

15. 侧面迂回

有的被说服者"先入为主",自我意识很强,说服者不妨从侧面迂回,顺着对方的意思说些顺情话,实际上"明修栈道,暗度陈仓",最终说服了被说服者。

16. 心理换位

说服者将心比心,设身处地从被说服者的心境和利益出发,做到"己所不欲,勿施于人"。

17. 以退为进

说服者首先说一个比实际说服目标更高一些的目标,然后假意让步,使对方觉得自己讨价还价取得了胜利,达成原定的目标。

18. 出其不意

说服者运用突如其来的开场白，吸引对方关注，由此突破对方防线，然后进入说服的主题。

19. 顺水推舟

有时候对方的观点是错误的，但他觉察不到错在那儿。说服者可以顺水推舟，引申出荒谬的结论，使之不攻自破。这在逻辑上称为“归谬法”。

20. 以守为攻

说服者在说服对方时，能攻则攻，能守则守，有时候以守为攻。在很多情况下，只要“再坚持一下”，说服便能成功。

21. 釜底抽薪

冷处理。在说服过程中，有时候被说服者由于争执而怒气冲天时，说服者先缓和气氛，然后慢慢回归话题。

22. 旁敲侧击

说服者不直接说出本意，而是借言他人他事，表面批评彼，实际针对此，旁敲侧击，让被说服者心知肚明，于无意间被说服了。

23. 引而不发

说服者仅仅稍露端倪，并不道破其意，让被说服者心领神会，自己去理解说服者的本意。

24. 欲擒故纵

先表扬后批评。先表扬、称赞对方的优点、长处或功绩，然后过渡到说服教育或批评。

25. 循循善诱

在说服他人的过程中，说服者要善于启发诱导，慢慢疏通对方的思想，不能简单粗暴，急于求成。特别是对犯过错误的人，更应该采用这种说服方法。

26. 外力推动

利用对方同思想、同感情层的人来协助说服者做说服工作，如老乡、老师、老同学、知心朋友、关系密切的亲属等。

27. 沉默待变

“沉默是金。”有时候不说话也是一种说服方法。如果被说服者有意刁难，不必作出激烈反应，反而不妨保持沉默，让对方自己思考，等待对方转变。

28. 耐心等待

说服他人，有时候比较顺利，而有时则不然：对方固执己见，“钻牛角尖”，简直不可理喻。在这种情况下，说服者应当耐心听取对方的意见，并给对方留下思考的时间。

29. 紧追不舍

说服者遇上难以说服的对象，不要轻言放弃，而是要有坚持不懈的毅力，一次说服不成，就再来一次，就有可能化解对方的意志，最终说服对方。

30. 自我推销

即“毛遂自荐”。就像毛遂那样，“请你试试把我放进袋子里，我会脱颖而出的。”在如今竞争的世界里，自我推销，说服更多的人支持自己的事业，不失为一个重要的说服方法。

说服的方法，30 计不可谓少。然而人世间事态纷繁，对于需要说服的人事，30 计不可谓多。更多的说服方法需要说服者临机创造。“多想出智慧”，办法总是有的。

四、说服的应用

(一) 演讲

演讲是一人讲大家听的“独白”。演讲具有临场性,演讲者制约着听众,又为听众所制约。演讲总是处在特定的语境之中,演讲者、听众和信息通常被称为“演讲三要素”。

信息 一次演讲是否成功取决于它所传达的信息,取决于信息的质量和它的现实意义。在保证信息质量的基础上时间自然越短越好。美国南北战争时期,总统林肯在葛底斯堡的演说只用了 3 分钟,不过 10 个句子,却成了演说的不朽典范,演讲词被铸成金文,存放在牛津大学。

演讲者 演讲者是演讲的主体因素,在整个演讲的过程中,演讲者始终处于中心的位置,是演讲信息的传播者。演讲者所传达的重要信息和他的出色的表达能力,还有演讲者的品格、素质、风度等,都会直接地影响到演讲的成功与否。

听众 听众是演讲的对象,演讲中最重要的客体因素和信息的归宿。听众是一个群体,由若干听话人组成。听众的素质、兴趣千差万别,知识层次也未必相同,差不多每一个听众心中都有自己的参照标准。然而只有听众才是演讲者的上帝，演讲者必须准确地理解听众，努力满足大多数乃至每一个听众的需要。

演讲的说服力存在于演讲者向听众传达信息的过程中。演讲的过程就是演讲者说服听众的过程。成功的演讲，就像斯大林称赞列宁的演讲那样，“把听众俘虏得一个不剩”。

演讲中的说服也无非“晓之以理，动之以情”。请看下面的例子。

古罗马时期，布鲁图斯等人刺杀了凯撒，由于恺撒为罗马立下了不朽功勋，在罗马市民们中享有崇高的威望，布鲁图斯要说服罗马市民绝非易事。然而布鲁图斯的演说居然打破了罗马市民的信念平衡，于是奇迹出现了：布鲁图斯说服了他们。

布鲁图斯说：

> ……我爱凯撒，但我更爱罗马。……因为恺撒爱我。所以我为他流泪；因为他是幸运的，所以我为他欣慰；因为他是勇敢的，所以我尊敬他；因为他有野心，所以我杀死他。……我怎样对待凯撒，你们也可以怎样对待我。……

布鲁图斯用了一系列的“因为，所以”的推理，显现了他在演讲时是非常理性的。他平静地对听众“晓之以理”，让听众自由选择，毫无强迫或操纵之意。罗马市民高呼：“让恺撒的一切光荣都归于布鲁图斯!”布鲁图斯的说服取得了巨大的成功。

布鲁图斯演说完毕离开了会场。经布鲁图斯的同意之后,凯撒最得力的爱将安东尼发表演说。要知道在布鲁图斯已经说服罗马市民的情况下,安东尼要想挽回大势似乎是不可能的,然而安东尼做到了。这不能不说又是一个奇迹。

下面是安东尼演说的第一段:

> 他(凯撒)是我的朋友,他对我是那么忠诚公正;然而布鲁图斯却说他是有野心的,而布鲁图斯是一个正人君子。他曾经带许多俘虏回到罗马来,他们的赎金都充实了国家的财库;这可以说是野心者的行径吗?穷苦的人哀哭的时候,凯撒曾经为他们流泪;野心者是不会这样仁慈的。然而布鲁图斯却说他是有野心的,而布鲁图斯是一个正人君子。你们大家看见在卢柏克节的那天,我三次献给他一顶王冠,他三次都拒绝了;这难道是野心吗?然而布鲁图斯却说他是有野心的,而布鲁图斯的的确确是一个正人君子。我不是要推翻布鲁图斯所说的话,我所说的只是我自己所知道的事实。你们过去都曾爱过他,那并不是没有理由的;那么什么理由阻止你们现在哀悼他呢?唉,理性啊!你已经遁入了野兽的心中,人们已经失去辨别是非的能力了。原谅我;我的心现在是跟凯撒一起在他的棺木之内,

我必须停顿片刻,等它回到我自己的胸腔里。

如果说布鲁图斯的演说是“晓之以理”,那么安东尼的演说就是“动之以情”。安东尼的说服同样取得了巨大的成功:他依赖于情感的力量力挽狂澜,重新树起凯撒的伟大至尊的形象,打破了市民们刚刚建立起来的信念平衡,取得了对布鲁图斯的胜利。

说服力的本质在于逻辑的力量。讲演者说服听众,无非是说服听众相信演讲中提出的一系列的论题,即观点的正确性。但要做到这一点,最有效的方式就是论证。说服的过程就是论证的过程。公式是:

A 真,因为 B 真

A 是论题(观点),B 是论据(材料)。布鲁图斯演讲中的“因为”是论据,“所以”是论题。论证就是以论据来论证论题的(论证是推理的逆过程)。

“晓之以理”是论证,那么“动之以情”呢?“情”有别于“理”啊!可是“动之以情”的“情”情中寓理,理在情中,“动之以情”也在说理,因而也是论证。公式是:

C(A 真,因为 B 真)

C 是语境。公式的意思是说,在特定的情感语境中,A 真,因为

B 真。安东尼的演讲就是在热烈而又特别令人激动的情境之中深深地打动听众的。

（二）辩论

辩论有别于演讲，辩论有两个明显的特征：一是对抗性，二是互制性。

辩论最明显的特征是具有对抗性。由于人们认知客观事物往往存在程度上的差别，即使对于同一件事情也往往存在不同乃至互相对立的观点，而彼此又都要求对方接受自己的观点，于是辩论就开始了。

辩论的第二个特征是互制性。在辩论的过程中，辩论者总是就对方的论断展开话题，受制于对方，但同时又制约对方，因为对方也必须就自己的论断展开话题。辩论双方都力图说服对方而不被对方所说服，于是辩论就展开了。

辩论的过程就是说服与反说服的过程。我们还是举一个大家熟知的经典例子，或许容易理解辩论的说服和反说服的特征。这个例子就是我国古代庄子和惠子的“濠梁之辩”。

> 庄子与惠子游于濠梁之上，庄子曰：“鯈鱼出游从容，是鱼之乐也。”惠子曰：“子非鱼，安知鱼之乐？”庄子曰：

“子非我，安知我不知鱼之乐？”惠子曰：“我非子，故不知子矣；子固非鱼矣，子之不知鱼之乐全矣。”庄子曰：“请循其本，子曰‘汝安知鱼乐’云者，既已知吾知之而问我，我知之濠上也。”

庄子说自己知道鱼的快乐，惠子说这不可能。两个人对抗而且互制，是一场典型的辩论。庄子和惠子都力图说服对方而又不被对方所说服，互不让步，最后谁也没有说服谁。

在中国，辩论之风兴起于春秋战国时代。那时候百家争鸣，出现过许许多多像庄子和惠子这样的雄辩家，出现过像“濠梁之辩”这样精彩的辩论。先秦以后，虽然不及昔日辉煌，但仍绵绵不绝，时有发展。直至前不久兴起的大专乃至中学生辩论赛方兴未艾。这对于发展年轻人的辩论思维大有裨益。

例如某校五(1)班举办过一场辩论赛，正方观点为“开卷有益”，反方观点为“开卷未必有益”。一场唇枪舌剑，精彩纷呈。下面择录几轮对话：

正方：“书是人类进步的阶梯”“书是全人类的营养品”，只有多读书，我们才能在前人的脚步下不断进步，所以我方认为，“开卷有益”！

反方：开卷未必有益！书分好书和坏书，如果我们什么书都看,必将带来坏的影响。

正方:"吃鱼还会被刺卡着哩!难道你就不吃鱼了吗?喝水还会被呛着哩,难道你就不喝水了吗?"

反方:"我给大家讲个故事,有个杭州的小男孩,从小就喜欢看武侠小说,他看过的武侠小说可以堆成山了,他对小说中的轻功非常着迷。有一天,他想试试轻功,毫不犹豫地从12楼的楼顶上跳了下去……一个幼小的生命就这样没了,你说这是谁给害的?"

正方:武侠小说也有它的闪光之处,可以增加我们的想象力。

正方:每人都有明辨是非的能力,我们有能力去分辨这是好书还是坏书,只要不沉迷,还是应该多多看书。

这是一场小学生的辩论会。辩手虽然年纪轻轻,但都思维敏捷,词锋锐利,应答如流,可圈可点!

辩论的说服和反说服也都是论证。不过辩论中的论证包括反驳和辩护。反驳是推翻对方论证的论证;辩护是对对方反驳的反驳。它们公式分别是:

A假,因为B (反驳)

A真,因为B′ (辩护)

B′表示重新论证。

（三）谈判

谈判不同于辩论，不具有辩论的对抗性。法国人把爱情定义为“合作的利己主义”，这个定义似乎也适用于谈判。

谈判是有关方面就共同关心的问题互相磋商，交换意见，寻求解决的途径和达成协议的过程。它有以下的特征：

① 谈判总是以某种利益的满足为目标。

② 谈判是两方的交际活动，只有一方无法进行谈判。

③ 谈判是寻求建立或改善人们的社会关系的行为。

④ 谈判是一种协调行为的过程。

谈判虽然不像辩论那样自始至终地对抗，但也为了各自的利益而互不相让，而不会像谈恋爱那样满怀温情地投入对方的怀抱。谈判也同样需要说服，只有彼此都说服了对方才能找到解决问题的途径，并达成某种协议。

谈判有三个层次：个人之间、组织之间、国家之间。

国家间的谈判，老练的外交家一般都善于“求同存异”，善于“在共同点上统一矛盾”，在谈判中求得对方的谅解，并达成某种协议。经典的例子是1972年在上海举行的“中美会谈”：

中方坚持中国大陆是中国唯一的合法政府,台湾只是中国不可分割的一部分;而美国政府此刻与台湾尚未脱离外交关系,要寻求协调性是很伤脑筋的事。但是协调大师周恩来和机灵的外交家基辛格终于找到了大家只要退让一步就都可以接受的协调点。这就是写进中美公报中的那句话:台湾海峡两岸的中国人都认为只有一个中国,而美国政府对此不持异议。

这份文件经受了时间的考验,结束了中美两国长达22年的敌对状态。

下面是一个属于组织之间谈判的例子:

日本一家公司的经理山本村佑与美国一家公司谈一桩生意,美国方面知道日本这家公司面临破产,就想用最低价格买下其公司的全部产品。当美方向山本提出这些要求的时候,山本装出一副淡漠超然的样子。这倒让美方弄不明白了,急忙请示美国本部。因为当时美方急需这些产品,只好以原价收购了日本这家公司的产品。

这是组织之间的一次谈判。由于山本表现出的假象骗过了美方,让日方占了便宜,虽然美方以原价收购也不算吃亏。

杰勒德·尼尔伦伯格在《谈判的艺术》一书中说："成功的谈判者，必须把剑术大师的机警、速度和艺术家的敏感能力融合于一体……利用每一个微小的进攻机会。"同时他又说，一个成熟的谈判者应该懂得，要以合作的方式去说服对方，而不是以强凌弱，或者使用阴谋诡计。谈判者不仅应该力求使谈判达成协议，而且应该始终牢记：一场圆满成功的谈判，每一方都是胜者。这样谈判的实例，就是1972年在上海举行的"中美会谈"，双赢。

双赢，才是真正的赢。因为大家都赢了，才是牢固的赢，才是富有安全感的赢。这就是双赢的智慧。因此，在说服的过程中，任何时候都要记住，只有别人赢了，你的赢才是真正的赢。否则，你就算赢了，也只是为输做了一个铺垫而已。

双赢的公式为：

aRb 并且 bRa

R 表示关系，在这里，R 表示"赢"。aRb 表示 a 赢了 b；bRa 表示 b 也赢了 a。即双赢。

（四）营销

从广义上说，营销也是一种谈判。例如分销商关于经销权的谈判。例如日本山本村佑与美国一家公司的谈判。但是在日常的营销活动中,比如商场的售货员或者农贸市场的摊主,他们的销售不必看成为什么"营销谈判",但也确实需要一些说服技巧,才能够"生意兴隆"。

市场营销,除了商品质量高,服务态度好,商业信誉优良以外,在很大程度上就是营销人员说服顾客的说服能力了。

下面介绍几个常用的营销说服技巧:

1. 找"兴奋点"

营销人员在说服对方之前,先说一些令对方兴奋的事情,投其所好。这样使他在兴味未尽的情况下答应你提出的要求。这个"兴奋点"往往是他的爱好、兴趣以及关心的话题。例如:

> 某厂商想同一家百货公司做一笔生意,几次交谈都未成功。一个偶然的机会,他听说该百货公司经理喜欢钓鱼。等到再次见面的时候,他们围绕钓鱼这个话题,交流了半天,结果奇迹出现了:没等厂商提醒,这位经理就答应进货,做成了这笔生意。

2. 赞美顾客

说服顾客可以先从赞美顾客的优点开始,使顾客得到一种

心理上的满足。当他(她)兴高采烈的时候向他推销商品,他(她)会愉快地接受你的建议。例如:

某业务员上门推销化妆品,女主人说:"这些化妆品我都有了,暂时还不需要。"没等她说完,业务员说:"噢,你很有气质,不化妆也很漂亮。"女主人听后心花怒放。业务员说:"但是,为了防止日晒,应该……"

没等说完,女主人的钱包已经打开了。

3. 设置悬念

顾客固执己见,听不进营销人员的话。这时候,如果设置一个悬念,就有可能打破这种不利于说服的局面。

在一个农贸市场上,一位顾客对摊主说:"你这儿好像没有什么东西可买的。"摊主说:"是呀,别人也这么说过。"当顾客正为此得意的时候,摊主微笑着说:"可是他们后来都改变了看法。""噢,为什么?"顾客问。

于是摊主开始了正式的推销,又成交了一批生意。

4. 转换角度

当顾客购买商品时，营销人员不要固执一端，而要找到一个能让顾客看到买下商品对他有利的角度，让顾客改变态度。

美国有一个名叫奇科的推销员，他为一个厂家推销价格为395美元的烹调器。一次，推销员奇科来到一个城镇，他选择人们集中的地方一边展示这种器具，强调它节省燃料的好处，一边把烹调好的食品散发给大家品尝。

> 这时，一位在当地有名的守财奴一边吃着烹调的食品一边说："你的产品再好我也不会买的。"第二天，奇科敲开了这个守财奴的家门，守财奴一见到奇科就说："见到你很高兴，但你我都知道，我不会购买你这400元一套的家什。"奇科看看守财奴，掏出一张钞票把它撕碎，然后问守财奴："你心疼吗？"守财奴对推销员的做法很吃惊，但他说："我不心疼，你撕的是你自己的钱。如果你愿意，你尽管撕吧！"奇科说："我撕的不是我的钱，而是你的钱。"守财奴很奇怪，说："怎么是我的钱呢？"奇科说："你结婚23年了吧？""有什么关系？"守财奴说。"不说23年，就按20年算吧，你如果使用我的节能锅做饭，每一天可节省1美元，一年节省360美元。过去的20年里，你没有使用我的

烹调器，你就白白浪费了7 200元，不就等于白白地撕掉了7 200元的钞票吗？而今天你还没有用它，那么你等于撕掉1美元。不是吗？”

守财奴被奇科说服了。其他人看到守财奴买下烹调器，也都争着购买。

5. 反向说服

俗话说“老王卖瓜，自卖自夸”，卖瓜的不说瓜苦。在一般情况下，推销员在推销商品时总是喜欢夸耀自己的商品，不容许别人贬低它们。这种常规的方法往往缺乏说服力，让人心里大打折扣，退避三舍。推销员在劝说顾客的过程中，如果反其道而行之，说出对推销不利的话，对方反而会在意外之余油然而生一种信任，被你说服了。

一位女士在一家商场里被一款外形精巧的银色亚光房门锁吸引，没想到推销员不仅没有趁热打铁，反而给这位女士泼了一瓢冷水：“这款门锁虽然美观，但在设计上却有一个小缺陷，会给安装带来一点小麻烦，稍不注意，还容易导致门锁打不开。因此，必须严格按照说明书安装。”

推销员一边说还一边演示。这位女士为推销员的坦诚所感动，心想买这种门锁绝不会受骗上当，于是痛痛快快地买下了。

在如今这个信息传播方式快速革新的时代，借助新兴技术对多种营销策略进行融合，产生了更多新的营销方式。如新媒体营销主要是将新媒体理念与营销方式结合起来的新型营销方式，新媒体不仅传播面广、传播速度快，而且获得的收益也比传统的营销方式利润多。小米公司就是新媒体营销成功的一个案例，充分利用了新浪微博、QQ 空间、微信等新媒体，并且对这些社交媒体做了详细的市场定位，分析出每个社交媒体上消费者的特征，从而达到更精准的产品定位。在一次新机发布中，小米利用微博发出消息，并推出转发送手机活动。时间点一到，公司、员工、粉丝后援团等微博账号就开始带动转发，并且集合了新浪的相关官方微博账号一同转发。这么多优质的资源集中在一起，使该条微博的转发量瞬间就到了每小时 8 万次，并且持续的时间还很长。

（五）亲人之间

亲人之间由于接触频繁，失去了“距离美”，难免存在这矛盾那矛盾。然而又由于“血浓于水”，亲人之间“心有灵犀”，又比较容易被说服。

例如：

哥哥在玩新玩具“打地鼠”，有声有光很好玩，妹妹看见了就来抢，哥哥不给，眼看冲突就要爆发。爷爷说：“你不想给妹妹，对吗？”哥哥点头。“可是妹妹还不会说话，没办法跟她讲道理；你不给她她会闹，是吗？”哥哥点头。“那怎么办呢？”哥哥望着爷爷。爷爷说：“你把玩具给她，她不会玩，很快就不玩了，你再玩。这样似乎不公平，可你是哥哥呀！”哥哥表示同意，玩具给了妹妹。妹妹玩了几下，爷爷用另一个玩具换了下来，把“打地鼠”还给了哥哥。

陈定字子终，楚王派人持金百镒聘他为相。子终对妻子说：“今日为相，明日结驷连骑，食方丈于前。”妻子说：“结驷连骑，所安不过容膝；食方丈于前，所甘不过一肉。今以容膝之安一肉之味，而怀楚国之忧，恐先生之不保命也。”于是夫妻遁去，为人灌园。（“食方丈于前”，食物摆在面前多到一丈见方，指丰盛的美味佳肴。）

前例是爷爷说服孙儿，后例为妻子说服丈夫。由于亲人之间的“爱心”纽带，适当地晓之以理，则很容易被说服。两例均为“情理交融”的说服方式，说服力很强，因此一说而服。

曲说篇

第五章　曲说，表达的艺术

一句话，百样说。

——俗语

一、一句话，百样说

前些时候，左先生和右先生的段子很红。录如下：

感冒了。　左先生：多喝点开水。

右先生：我买了药和姜。不严重别吃药。

大姨妈痛。左先生：多喝点热水。

右先生：这我没办法了。他们说结了婚就好了，要不然你嫁给我试试？正好我买了戒指。

失去亲人。左先生：没事的。一切都会过去。

右先生：我请了年假，想不想出去走走？

想家了。左先生：就早点回来吧！

右先生：给你寄了麻辣泥鳅。火锅底料还有没有？

"一句话，百样说"意思是：同样一件事情可以有不同说法。上面这个段子自然是"好事者"编出来的。因为段子里只有"左""右"两位先生，只有两种说法，如果有 n 位先生呢？就可能有 n 种说法。是不是？

再说一个例子：

年初，一个同事住院做手术，效果很好，不久出院。因为我们都曾经给过力所能及的帮助，他心存感激，非要宴请我们。在餐馆里十几个人济济一堂，大家频频举杯，祝福他健康，平安。其中一位年轻的同事已经喝得满脸通红，摇晃着站起身来，举杯向那位同事道："我也说一句心里话：刘哥，你下次住院我还照顾你！"

这位年轻同事心怀好意，但这句话恰当吗？同样是"一句话，百样说"，可是有的话会伤人的啊！

"一句话，百样说"是在同一种语言里，可以用许多不同的表达式传达同一个意义。这也就是说，一句话可以有许多个同义结构。例如：

天快亮了。

鸡叫三遍。

窗户纸发白。

东方鱼肚白。

天将曙。

东方欲晓。

黎明即将到来。

……

这些都是同义结构，“一句话，百样说”，前述“左先生”和“右先生”，那位年轻人和他的同事们，说的都是同义表达式，或曰“同义结构”。

同义表达式之间并非完全同义，总是存在某些差别。比如“左先生”“右先生”的同义表达式，语义程度不同：“左先生”比较一般，“右先生”更为关切。那次“谢恩”酒宴上的祝福语，恰当与否有别。那位年轻人一片好心，但话语不恰当。

同义表达式还有狭义和广义的区别。例如：“父亲回来了”和“爸爸回来了”，语义没有差别，只是语体风格不同，属于狭义的同义表达式；“左先生”和“右先生”各自的表达，彼此间差别较大，只能算作广义的同义表达式。

同义表达式为表达者提供了广阔的表达空间。“海阔凭鱼跃，天高任鸟飞。”表达者完全可以凭着自己的聪明才智造出最正确、最恰当、最生动的句子，让人际间的沟通变得精彩起来。一句话，可以百样说！

二、语境中的最佳表达

古时候，有一匹飞跑的马踹死了一条狗，文人们分别造出以下几个句子：

有奔马踹死一犬。
马逸，有黄犬遇蹄而毙。
有犬死奔马之下。
有奔马毙犬于道。
有犬卧通衢，逸马蹄而死之。
逸马杀犬于道。

这些句子虽然表达同一主题，但彼此间存在明显的差别，为广义的同义表达式。如果要论它们之间的优劣，则很难说得清楚。六个句子，有的强调马奔，有的强调犬死；有的只写奔马杀犬，有的写出了奔马杀犬的方式；有的只写犬死于道，有的写出由于犬躺在路上，以致被马踹死；等等。如果一定要说哪个句子最好，那就得看具体的语言环境了。

句子在特定的语境中具有唯一的意义，可以比较出优劣来。

抗美援朝期间，爱国老人何香凝画了一幅喜鹊和牡丹花的国画，祝贺抗美援朝的辉煌胜利。周恩来总理题上“喜报援朝胜利，花贻抗美英雄”一联。“花贻抗美英雄”有以下几个同义表达式：

花赠抗美英雄。
花送抗美英雄。
花献抗美英雄。
花给抗美英雄。
花遗抗美英雄。
花呈抗美英雄。
花与抗美英雄。
花贻抗美英雄。

等等。这些同义表达式在语法或者意义上似乎看不出什么差别，但是按照对联的规则，这下联第二个字应当用平声。可是在相关的同义词中只有“呈”和“贻”是平声，其余全是仄声。由于“贻”字比“呈”更具有亲和力，更适合花鸟画的特殊情境，所以用“贻”字为最佳选择。“花贻抗美英雄”在这一特定的语境中是最佳表达式。

同义表达式的具体意义往往在特定的语境中有所暗示，即话语的潜台词。这也正是同义表达式的妙处，表现为一种语言的艺术。这种特定的语境中的潜台词存在于不同的语言层面。

1. 语音

例如：

> 她不是我老婆。
> 她不是我老婆。

由于重音的原因，前例强调这个女人跟“我”没有婚姻关系；后例强调“她”不具有“我的老婆”的关系，但或许有其他关系。它们可以是各自语境中的最佳表达。

2. 语法

例如：

请喝咖啡。

咖啡。请！

前例为一般表达，后例是倒装句，强调是“咖啡”，不是茶，也不是其他饮料。

3. 语义

例如电视剧《篱笆·女人和狗》一段歌词云：

星星还是那颗星星，
月亮还是那个月亮，
山也还是那座山，
梁也还是那道梁，
碾子还是碾子
缸是缸，
爹是爹来娘是娘。

这段歌词似乎是说一切都没有变，但又让人隐隐约约地感到有什么东西正在发生变化。那么歌者究竟想告诉你什么呢？

4. 语用

例如：

> “先生，请你给上帝捐献 1 美元吧！”
> “小姑娘，你多大了？”
> “16 岁。”
> “噢，我 76 岁，肯定比你早见上帝。见到上帝时，我会将 1 美元亲自交给他的。”

这个例子意在讽刺那些“一毛不拔”的吝啬鬼。

三、幽默，曲说的小品

（一）幽默

当你询问一位幽默大师：“什么是幽默？”他的回答可能是：“谁知道？”据说，当然是据说，就连亚里士多德、弗洛伊德、马克 · 吐温他们也没有一个人真正弄明白到底什么是幽默。不过，《论幽默》一书作者赫伯 · 特鲁说：“我喜欢说的一个定义是：幽默带来快乐，使人从痛苦的经验和情绪中挣脱出来。”只有他似乎弄明白了。

“幽默”是林语堂从英语“humour”一词音译来的。在中国，“幽默”大体同诸如“笑话”“滑稽”“插科打诨”等的含义差不多。

中国古代没有“幽默”一词，但并不说明没有“幽默”的事物存在。比如“俳优”是中国古代一种由贵族供养起来，以“滑稽调笑”为任务的职业艺人。他们“善为言笑”“滑稽多辩”“擅隐语”，极富幽默感。例如《唐阙史》中记载的一则故事：

> 唐咸通中，俳优人李可及滑稽谐戏，独出辈流，虽不能托谊讽喻，然巧智敏捷，亦不可多得。尝因延庆节，缁黄讲论毕，次及倡优为戏。可及乃褒衣博带，摄齐以升座，自称三教论衡。偶坐者问曰：“既言博通三教，释迦如来是何人？”曰：“妇人。”问者惊曰：“何也？”“金刚经云：‘敷坐而坐。’有夫有儿，非妇人而何？”上为之启齿。又问曰：“太上老君是何人？”曰：“亦妇人也。”问者益所不谕。乃曰：“道德经云：‘吾有大患，为吾有身，及吾无身，吾有何患？’若非妇人，何患于有娠乎？”上大悦。又问曰：“文宣王何人也？”曰：“妇人也。”问者曰：“何以知之？”曰：“论语云：‘沽之哉！沽之哉！吾待价者也。’若非妇人，待嫁奚为？”上意极欢，宠赐颇厚。

这是“谐音”的绝妙好辞。李可及利用“敷”与“夫”同音、“尔”与“儿”同音、“身”与“娠”同音、“价”与“嫁”同音，故意歪曲原意，把释迦牟尼、老子和孔子三位大圣人都说成“妇人”，岂不荒唐可笑之至！但李可及正是用他高超的幽默的表达，博得皇帝和贵族们的欢欣。李可及就是中国古代的一位幽默大师。

（二）幽默与曲说

“曲说”相对于“直说”而言，是一种“绕个弯儿”的说法。在沟通中，有些话直来直去未必就能够说得清清楚楚。反过来放弃直说，换一个说法，绕个弯儿可能就说清楚了，而且很形象、很生动，语效比直说强多了。

例如：

有一次，群众包围了爱因斯坦的住宅，要他用最简单的话，解释清楚他的“相对论”。当时，据说全世界只有几个科学家读得懂“相对论”著作。爱因斯坦对大家说：“比方这么说——你同你最亲爱的人坐在火炉旁，一个钟头过去了，你觉得只过了5分钟；反过来，你一个人孤孤单单地坐在热气逼人的火炉旁，只过了5分钟，但你却像过了一个小时。——唔，这就是相对论。”

你懂了吗？如果有人直接用相对论的定义跟你解释相对论，你听得懂吗？

再举一个例子：

> 电影院里经常有一些女观众戴着帽子看电影，坐在后面的人极为反感，纷纷向电影院经理提意见，希望能通告禁止。经理不置可否。过了几天，在电影放映之前，银幕上出现了一则通告："本院为照顾衰老高龄的女客，允许她们照常戴帽，不必摘下。"通告一出，所有戴帽子的观众都将帽子摘了下来。

对戴帽子看电影的女观众，是直接地正儿八经批评教育好呢，还是利用女观众不愿别人说她年纪大的特殊心理，"绕个弯儿"说好呢？

幽默是曲说的一种样式（当然曲说不只是幽默），一种具有典型性的样式，我们不妨称之为"曲说的小品"。

"小品"的名称起源于艺术学校和演艺团体。它本身没有复杂的内涵，只反映事物的一个侧面或现象，表现形式较单一，如油画小品。在演艺界，小品原是考察学员艺术素质和基本功的面试项目。1984 年春节联欢晚会，陈佩斯和朱时茂表演的《吃面条》，使小品正式成为一种独立的艺术表演形式，其幽默的语言和滑稽的形象动作获得观众的高度赞赏和认可。

还有“小品文”一词,它是一种寓有抒情意味和讽刺性的短小散文。

“幽默”是曲说的小品,能够完成直说不能完成的沟通任务。

当然,幽默不止是曲说的小品,它还是最受人们喜爱的喜剧美学样式之一。幽默作为人的一种气质、技能,它也备受人们的青睐。

(三)幽默的功能

幽默的功能是让人们开心。说得更为具体一些,幽默最基本的功能在于它的引人发笑的机制,而人们的生活需要笑声。

1960年9月中旬的一天,相声大师侯宝林给毛泽东主席说相声。侯宝林在相声中穿插了这样一首打油诗:

胆大包天不可欺,张飞喝断当阳桥。
虽然不是好买卖,一日夫妻百日恩。

毛泽东主席爱听相声,可是总克制着自己不大声笑出来。这一回,侯宝林胡乱拼凑了这段打油诗,毛主席听罢,再也忍不住了,哈哈大笑起来,笑得前仰后合,几乎喘不过气来了。

这就是幽默的魅力。

除夕，我们全家人都在看中央电视台春节联欢晚会。“叭”的一声，弟弟看节目笑得前仰后合，碰倒了热水瓶。爸妈最讲究“节日要讲吉利”，脸色霎时“晴转多云”。我说：“这水瓶打得好！”大家一愣，我接着说：“弟弟今年不是升高中吗？你们想想，如果他停留在原来的水平上，能考出好成绩吗？今晚他打破了水瓶（平），这是好兆头。你们说是不是？”爸妈顿时脸上堆笑，全家人欢乐如初。

这不就是幽默的功能吗？

有人说，幽默是智慧的火花，是生活的调色板，是语言的调料。这故事中“我”的一番话不就是如此吗？也有人说，幽默是缪斯王冠上的明珠。是啊，幽默是人人喜爱的一种艺术，是曲说中的小品啊！幽默是特定语境中的最佳表达。

（四）幽默与修辞

《美学词典》对幽默的解释是：“它通过比喻、夸张、象征、寓意、双关、谐音、谐意等手法，运用机智、风趣、凝练的语言对社会生活中乖讹、不合理、自相矛盾的事物或现象作轻微、含蓄的揭露、批评、揶揄和嘲笑，使人在轻松和微笑中否定这些事物或现象，它带有讽刺的意味但不尖锐，是一种含笑的批评。"幽默是一种修辞手段，应用到修辞学上许多辞格，但不是同比喻、夸张等并列的修辞格。

例如赵树理小说《李有才板话》开头部分的一段话：

> 作诗的人叫"诗人"，说作诗的话，叫"诗话"。李有才作出来的歌，明明叫作"快板"，因此不叫"诗人"，只能算"板人"。这本小说既然是说他作快板的话，所以叫《李有才板话》。

这在修辞学上叫作仿词，根据"诗人"仿造了"板人"，根据"诗话"仿造了"板话"。仿词，修辞格的一种。

又如：

> 有士子号西坡，善作十七字诗。值旱求雨，赋诗曰："太守祈雨泽，万民多感德。昨夜推窗看，明月。"太守怒，使自嘲。应曰："古人号东坡，今人号西坡。若将两人比，差多。"后被发遣，其舅送之，舅眇一目，于是他又赋起诗来："发配到云阳，见舅如见娘。二人同流泪，三行。"既至

配所,官喜其诗,令作一首。适官员的夫人走过来,即曰:“环佩响叮当,夫人出后堂。金莲三寸小,横量。”

十七字诗即现在所说的“三句半”。这在修辞学上称为衬跌格。前三句为衬,后两个字为跌。衬得越高,跌得越重,幽默感就越强。

前面说到的幽默例子,李可及的“三教论衡”和除夕夜“我”说法都是谐音格,爱因斯坦的“相对论”解释是比喻格,电影院的通告是委婉格。这两个例子分别为仿词格和衬跌格。

那么侯宝林的打油诗呢?似乎什么“格”都不是,就是“打油诗”,没听说有个“打油”格或“打油诗”格。这就是说,幽默的语言往往应用了某种修辞格,但并非全是修辞格的应用。

还有很重要的一点:幽默并非都是用语言表达出来的。比如漫画是幽默,但漫画是绘画,不必使用语言,它并不是修辞学上的事情。漫画家方成说:“很多漫画是幽默的,但一个字也没有,无辞可修。”是啊!幽默并不只是依靠语言表达的事情。

(五)幽默与逻辑

《辞海》给幽默下的定义是:“通过影射、讽喻、双关等修辞手法，在善意的微笑中，揭露生活中乖讹和不通情理之处。”这里说到幽默在于揭露生活中“不同通情理之处”，也就是说：幽默是通情达理的，或者说，幽默是合乎逻辑的。

有人认为，幽默是反逻辑的：有“逻辑”了就不幽默了。反之，幽默了也就没有“逻辑”了。其实这是误解。逻辑不是幽默的对立物，恰恰相反，幽默就是通过揭露生活中“不通情理之处”，还它个“合情合理”，还它个“逻辑”！

例如侯宝林另一段相声说：

乙：……笑一笑，十年少。

甲：嗯？怎么讲？

乙：一笑就“少”了十年。

甲：一笑就年轻十岁？……那谁敢听相声呀？

乙：怎么？

甲：三十来岁的小伙子来听相声，哈哈一乐，二十啦。待会儿再一乐，十岁啦。你再说什么，他也不敢乐啦。

乙：怎么？

甲：再一乐啦……成了初生小孩儿啦。

甲的话似乎是很有“逻辑”，他说的是一个“如果”推理：如果笑一笑，十年少……如果继续，笑下去，那就成了“初生的小孩儿啦”。可事实不是这样的呀!这不是反逻辑又是什么呢?

在这里,我们必须弄明白的是,这则幽默应用的是夸张修辞格。修辞学的说明是:为了表达强烈的思想感情,突出某种事物的本质特征,运用丰富的想象力,对事物的某些方面着意夸大或缩小,作为艺术上的渲染,这在修辞学上叫作夸张。夸张的手段是言过其实,目的是突出事物的本质特征。“笑一笑,十年少”是说话人应用夸张手法来显现快乐对于人生的重要意义。这段相声表达的就是这个意思。这是一种特定语境中的推理,公式是:

C(A,所以B)

C是语境,这里的语境即是夸张。那个所谓反逻辑的“如果”推理是个错误推理,因为它脱离了语境,没有考虑到“笑一笑,十年少”是一种“夸张”的说法。这是特定语境中的一种曲说。“笑一笑,十年少”,是这个特定语境中的最佳表达,合情,而且合理(合乎逻辑)。

再举一个例子:

小女孩问妈妈:“妈妈,你头上为什么长出白头发了呢?”妈妈回答说:“还不是你不听话,给气的吗?”这时小女孩心领神会地说:“妈妈,现在我知道姥姥的头发为什么全白了。”

在这个故事里,妈妈把头发白归因于女儿不听话,是个“如果”推理:

如果女儿不听话,那么头发会变白的。
我女儿不听话,
所以,我头发变白了。

妈妈这个推理错在前提不真实。因为头发变白是由于生理原因,而不是女儿不听话(女儿或许还是很听话的孩子)。

那么,女儿的推理呢?

女儿的推理是个类比推理:

妈妈头发白了,是女儿(小女孩自己)不听话气的,
所以,姥姥头发白了,是她女儿(小女孩的妈妈)不听话气的。

小女孩的推理也错在前提不真实,而这个错误前提是妈妈给出的。

其实妈妈告诉女儿的话并不在于给出头发白的科学解释,

而是意在借这个话题教育女儿要听妈妈的话。这就是特定的语境。所以妈妈的推理也是语境推理。这个故事之所以让听(读)者开心，就在于它是特定语境中的最佳表达，此外无他。让人开心，这可是幽默最基本的功能啊！

第六章　话中有话

一个“话”字里还有一个“话”字。

——谜语

一、什么是“话中有话”？

（一）话中隐义

谜语“一个‘话’字里还有一个‘话’字”，答案是“话中有话”。“话中有话”是一个成语，来源于《红楼梦》第一百十回：“邢夫人等听了话中有话，不想到自己不令凤姐便宜行事，反说凤丫头果然有些不用心。”

人们每说一句话都在传达信息，大家都这样认为，没有异议。比如：

大象是大动物,蚂蚁是小动物。

这句话的意思是说:大象很大,蚂蚁很小。它们都是动物。这就是话语中所传达的信息。这些信息都是字面上明示出来的,叫作“话中显义”,即显现出来的意义。其实,这个复句还传达另外一些信息,即存在有另外一些意义。比如:

大象和蚂蚁都是动物,
它们都是生物。
它们都是存在的。

这些信息说话人没有说出来,但它们也都是“大象是大动物,蚂蚁是小动物”这句话的“应有之义”,也是说话人告诉你的信息,只不过隐藏在话语的背后,没有显现出来。这些信息我们叫它“话中隐义”,即“话中有话”,或“话中的话”,或“话中话”。

在日常生活中,我们每说一句话里面都隐藏有一些话。这里说的是“每说一句话”都是如此,没有例外。

(二)各种句式的话中话

1. 陈述句

例如:

小王来了。

小王的电脑坏了。

话中话为:

前例:有小王这个人。
小王年轻。
小王原来不在这里。
后例:存在小王这个人。
存在电脑。
小王有电脑。
电脑是可能坏的东西。

2. 疑问句

例如:

小王在家吗？

小王是嘉禾学校的老师吗？

话中话为；

前例：存在小王。

小王有家。

小王在家或者不在家。

后例：存在小王。

存在嘉禾学校。

嘉禾学校有老师。

小王是或者不是嘉禾学校的老师。

3. 祈使句

例如：

把车子开过来！

把坏了的车子送修车厂。

话中话为：

前例：存在“车子”。

车子是可以开动的。

后例：存在“车子”。

存在修车厂。

车子是可能坏的东西。

坏了的车子有可能修好。

4. 感叹句

例如：

滚开！

这花儿真美啊！

话中话为：

前例：存在某一物（人或狗等）。

此物能自己移动。

后例：存在花儿。

存在美的属性。

美有不同的“度”。

5. 复句

例如:

如果地冻,那么天寒。

你来或者我去。

话中话为:

前例:只有天寒才会地冻。

后例:你来我去都行。

以上各种句式都有话中话,包括独语句,比如“滚开”。这些话中话都只具有举例的性质。这些句子的话中话也只具有举例子的性质,也就是说,这些话语中至少隐藏有这些信息。

(三)话中话,无争议信息

我们说话总是希望取得良好的表达效果(语效),首先必须让听话人听得懂,为此,双方必须共同拥有最基本的“无争议的信息”。这些信息就是“话中的话”(话中隐义)。话中话说的是说话人和听话人都没有争议的那些信息，也就是共享信息，或曰“共识”。

人们的交际总是在特定的语境中进行的，特定的语境并不要求每一次表达时对方都必须弄明白每一句话的全部话中话，而实际上对方所需要的只是与语境相关的话中话，因为这些话中话决定了对方是否能够正确地理解话语。

例如：

主任很欣赏小张的聪明。

话中话为：

小张是聪明的。

又如：

奇怪的是地球竟然是圆的。

话中话为：

地球是圆的。

再如：

小王来了。

话中话为：

存在小王这个人。

它们都是基本的无争议信息，是话中话的最简单的表述。

话中话作为双方最基本的无争议信息，是话语的恰当性条件。没有这些话中话，话语就失去了恰当性，就不是一个恰当的句子。不恰当的句子，听者是不大能够听得懂的。比如有人说“主任很欣赏小张的聪明”，如果听话人不知道小张是聪明的，那么“主任很欣赏”是什么意思？你听得懂吗？如果你不知道地球是圆的，那你又怎么理解“奇怪的是……竟然……”呢？“小王来了”，如果你连小王是谁都不知道，或者你不知道是哪个小王，那么你能够明白这句话是什么意思吗？

假如有人告诉你：“老张死了。”话中话是“有老张这个人”。可是被叫作“老张”的人多着呢？你不知道是哪个“老张”，两个人缺少共享的信息，沟通遇到障碍。那么怎么办呢？你会问：“哪个老张呀？”“下街头开酱油店的老板呀！”“噢，噢，知道了。”两个人终于有了共享的“无争议信息”，于是，沟通成功。所以说，话中话是话语恰当性的条件。

“话中有话”是一种曲说，但它不同于幽默。幽默通过换一种说法，让听者开心，而话中话则是在提供语表信息的同时，让听者通过思考，再得到一系列的语里信息，让沟通顺利进行。

二、话中话推理

（一）话中话的推出

话中话是怎样揭示出来呢？通过推理。话中话是一种推理，不妨就叫“话中话”推理吧。

例如：

老张的儿子不再抄同学的作业了。

推出：老张的儿子曾经抄过同学的作业。

推出：老张的儿子是学生。

推出：老张有儿子。

推出：存在老张其人。

它们的每一次推出,都以前面的话语(或推出的话语)为前提,所推出的句子都是话中话,都是无争议信息,都是话语恰当性的条件。

每一个陈述句都可以分为A和B两部分。其中A含话中话,B是断语。(非陈述句也有话中话和断语两部分,只是稍微复杂一些。)例如:

小张是快递小哥。

"小张"含"有小张这个人"为A,即话中话;"是快递小哥"为B,即断语。前例"老张的儿子不再抄同学的作业了",前面"老张的儿子"含"老张有儿子",为话中话,即A;后面"不再抄同学的作业了"是断语,即B。

请看下面四个句子:(下面的句子有些拗口。请耐心地读,很容易读懂的。)

S_1. 小王今天又迟到了。

S_2. 小王曾经迟到过。

S_3. 小王今天迟到了。

S_4. 小王今天没再迟到。

S 表示句子。从 S_1 可以推出 S_2，即从“小王今天又迟到了”推出“小王曾经迟到过”。S_1 是话语，S_2 是话中话。从 S_1 也可以推出 S_3，即从“小王今天又迟到了”推出“小王今天迟到了”，S_3 是断语。S_4“小王今天没再迟到”是否定句，是对 S_1“小王今天又迟到了”的否定。奇妙的是，从 S_4 也可以推出 S_2，即从“小王今天没再迟到”推出话中话“小王曾经迟到过”。但是从 S_4 推不出 S_3，即不能从“小王今天没再迟到”推出“小王今天迟到了”。这就是说，从话语和它的否定都可以推出同一的话中话，但是推不出同一的断语。奇妙就奇妙在这里：不管语句 S 是肯定的还是否定的，都能够推出同一的话中话。（有意思不？弄懂它，挺有趣的。）（这些推理真的不难懂，只是有点儿烦。耐心点儿！）

归根结底就是一句话：话中话是从一个语句和它的否定句中推出来的。

（二）话中话与断语的区别

我们继续讨论前面四个句子。

从以上四个句子不难看出，从 S_1 可以推出 S_2，即从话语推出话中话。从 S_1 也可以推出 S_3，S_3 是断语。S_4 是否定 S_1 的，S_4 也可以推出 S_2，即从话语推出同一的话中话，但是从 S_4 推不出 S_3，即推不出同一的断语。由此可见，话中话有别于断语，它们是不同质的两码事。

话中话和断语的公式分别是：

话中话：如 S 真则 A 真，如 S 假则 A 也真；

断语：如 S 真则 B 真，如 S 假则 B 假。

S 表示话语，A 表示话中话，B 表示断语。在真和假的问题上，话中话显然不同于断语。话中话的特点就是：如 S 真则 A 真，如 S 假则 A 也真；断语不是。

下面再举几个例子：

有人买了一栋小洋楼。

话中话（A）：至少有一个人；断语（B）：买了一栋小洋楼。

今天中秋节。

话中话（A）：一个特定的日子；断语（B）：是中秋节。

那位戴眼镜的女青年是大学老师。

话中话（A）：那位女青年戴眼镜；断语（B）：是大学老师。

大雁！

话中话（A）：有人看到（空中）某物；断语（B）：是大雁。这是个独语句。

“话中话—断语”模式，也就是“已知信息—新信息”模式：话中话为已知信息，断语是新信息。“话中话—断语”也是人类知识信息增长的一般模式。如果没有承载新信息的断语，那么人们所交流的信息都是已知信息，人类永久不能进步；如果没有双方共知或共信的话中话，人类就永远无法获得新的知识。由此可见，人类的认知总是循着从已知的“话中话”到新知的断语这条路径前进的。

（三）真或假，或者无意义

我们每说一句话都有真话或假话的区别。例如：

鲸是鱼。

鲸不是鱼。

这两句话彼此互相矛盾，不能同真，不能同假，只能是一真一假。所谓“真”，就是主客观相一致；所谓“假”，就是主客观不相一致。根据科学道理,鱼是卵生,鲸是胎生,鲸不是鱼。所以前例假,后例真。

可是有时候一句话既不真也不假,那么它是什么呢？无意义。“无意义”是什么意思？请看下面的例子：

S_1. 我家的电视坏了。

S_2. 我家有电视。

S_3. 我家的电视没有坏。

从 S_1“我家的电视坏了”和它的否定句 S_3“我家的电视没有坏”都可以推出 S_2“我家有电视”,即话中话。如果“我”家有电视,并且电视坏了,语句 S_1“我家的电视坏了”就是真语句;如果“我”家有电视,但是电视没有坏,语句 S_1“我家的电视坏了”就是假语句。如果“我”家压根儿就没有电视,话中话“我家有电视”是假的,即话中话是假的,那么语句 S_1“我家的电视坏了”就是“无意义”的语句。

再举几个例子：

李欣又旷课了。

话中话：李欣旷过课。

马老师知道李欣旷课。

话中话：李欣旷课。

他后悔喝了过量的啤酒。

话中话：他喝了过量的啤酒。

警察表扬小朋友拾金不昧。

话中话：小朋友拾金不昧。

如果这些句子中的话中话是虚假的，那么它们就是无意义句。

总之，话语的话中话虚假，话语就无意义。

然而，事情没有这么简单。我们说话语的话中话虚假则话语无意义，这是离开特定语境的情况下说的。在特定的语境中，话中话虚假而话语未必无意义。例如：

上帝是全知全能的。

话中话：存在上帝。

我们知道上帝是不存在的。也就是说，话中话为假，"上帝是全知全能的"这句话无意义。可是对于信仰基督教的人来说，"上帝是全知全能的"这句话天经地义，绝对是真语句。"信仰基督教"就是"特定的语境"。在这特定的语境中，"上帝是全知全能的"是个真语句。

再看下面的例子：

你把这台电脑修理一下。

这是个命令句。如果要使这个句子成为真语句,那就必须满足语境条件。这些条件是:

命令修理这台电脑是厂长和员工都明确的。

这台电脑有故障,因而有必要修理。

厂长知道员工有能力做这件事。

只有满足这些语境条件,这个命令句才是真语句,否则就是无意义的语句。这些条件就是话语恰当性的条件,没有这些条件,这个语句就是不恰当的。

从语境的意义上说,话中话就是语境的恰当性的条件。

三、话中话的应用

(一) 准确地表达思想

人们在表达思想感情的过程中,总是力求准确,让听话人充分理解,以达到最佳语效。为此必须充分考虑到话中话所传达的信息。

例如：

人！

这是个独语句。在特定的语境中，它的话中话是：

发现了某物。

它是动物。

它不是猫、狗等其他类动物。

这个独语句的断语：是人。

那么，究竟什么是“人”呢？我们给出“人”的定义是：

人是使用和制造生产工具的动物。

定义是力求准确的。那么这句话准确吗？

其实关于“人”的定义很多。比如：

人是两足直立、无羽毛的动物。

人是利用聪明智慧谋取幸福的动物。

作为定义有两个条件：一是它属于什么事物的类，另一个是它和相关事物的区别是什么？这两点也就是关于“人”的话中话。

关于“人是两足直立、无羽毛的动物”。有人把一只拔掉羽毛的鸡拿到说这句话的人面前问：“这是什么?”那人说是鸡，这个人说：“不！它是人。因为它两足直立，无羽毛。”这或许只是个笑话吧。

关于“人是利用聪明智慧谋取幸福的动物”。这个定义自然是有道理的，不过它是不是就是最准确的表达呢？似乎还要进行一些具体的讨论。

人属于动物这个类，在上述三个定义中得到了共识，可是在区别于其他动物的特征上，彼此就有所不同了。一说是“使用和制造生产工具”，一说是“两足直立、无羽毛”，一说是“利用聪明智慧谋取幸福”。那么哪一种说法是最本质的呢？或者说是最准确的表达呢？应当是“使用和制造生产工具”。因为“生产能力”才是作为社会的人区别于其他动物的根本特征。这个定义才是关于“人”的最准确的表达。

又如：

> 法人是具有民事权利能力和民事行为能力，依法独立享有民事权利和承担民事义务的组织。

法人代表是依据法人内部的规定，担任某一职务或由法定代表人指派代表法人对外依法行使民事权利和义务的人。

两例都属于法律条文。法人属于“组织”的类而不是“人”的类，“法人代表”才属于“人”的类。法律条文也是准确的表达。

在人们的日常交际中，准确的表达首先必须是真语句，但真语句可能有啰唆重复等毛病，所以准确的表达还必须符合语法、修辞、逻辑的要求。

（二）巧妙地传递信息

话中话传达的是双方共知或者共信的信息，也就是说，其中某些是对方并不知道但可以相信的信息。因此说话人可以利用话中话传达对方尚不知道但会相信的信息。这是一种表达的艺术。

例如：

我在巴黎读研究生时学的是工业设计。

说话人要传达的新信息（断语）是：他学的专业是工业设计，顺便告诉对方,他曾经留学法国。这条“可信”的信息或许能够增加听话人对说话人的了解和尊重。这种“巧妙地传递信息”是一种表达的艺术。如果说话人(一个普通的说话人)说:

> 我在见到总统的时候……

大概是在显摆或者吹牛吧。

有一位姑娘聪明貌美,自然成为很多男青年追求的对象。在一次闲聊中,姑娘似是随意地说:

> 我男朋友要我读点黑格尔。

这句话的话中话是:姑娘有了男朋友。其实姑娘并没有男朋友,只是为了摆脱一些男青年的纠缠。她这样巧妙地利用话中话,效果很好,消除了某些男青年的非分之想。

这位姑娘的话中话是虚假的,她所表达的并不是一个真语句。姑娘有意地说出这句话,是不是意味着姑娘是在说谎呢?不必这样说,因为这是姑娘的一种策略:利用话中话摆脱男青年们的纠缠。如果一定要说姑娘说谎,那就叫“善意的谎言”,善意地劝告这些青年别再浪费时间了。

（三）听懂话中话，避免上当

这里有一个经典的例子：

你停止打老婆了吗？

你怎么回答呢？你给出肯定答案，即是说停止了，那你过去打过老婆；你给出否定答案，即说没有停止，那你现在还在打老婆。反正左说也不是，右说也不是。如果你真的没有打过老婆，那么应当怎样正确地回答呢？其实说话人是在诱导你。因为他说的这句话的话中话是：你曾经打过老婆。所以你说“是”或者“不是”，你都承认了你打过老婆。如果你真的没有打过老婆的话，应该否定这句话的话中话，你说：“我从来不打老婆。”他就没辙了。

（四）利用话中话成事

听懂话中话不仅可以防止上当受骗，有时候还能办成大事。这里也有一个经典例子：

清朝末年，湖州的赵三和周生商量去外地做生意，约定黎

明时上船。周生上船后很长一段时间不见赵三上船,便要船家去催。船家敲赵三家的门,同赵三的妻子有下面的对话:

> 船家:“三娘子,三郎怎么还不上船呀?”
>
> 三娘(大惊):“他早就离开家了。”

周生大为惊讶,赶快禀报官府。由于缺少证据,很久未能破案。后来有位朝廷大员来县里视察案情,他看过案卷说:“我知道谁是凶手了。”于是逮捕了船家,经过审讯,船家交代了犯罪经过。原来那天赵三上船太早,船家就把他杀了,抢了赵三的银两,处理好赵三的尸体后,装作没事人一样等候周生上船。

那位大员之所以能够破案,恰恰是船家自己“泄露了天机”,使得那位大员从船家那句话的话中话里面获得了所需要的信息。船家问:“三娘子,三郎怎么还不上船呀?”这句话的话中话是:船家知道赵三不在家。如果船家不知道赵三不在家,他就不会喊“三娘子”,而是喊“三郎”,问他为什么还不上船。否则,船家这句话就是不恰当的。

下面讲一个童话故事:

> 一个水手选了一只猴子做他的航海伴侣。不巧海上刮起了大风浪,船翻了,船上的人全部落在海里。猴子也

一样，只好拼命往岸上游。游着游着，一只海豚过来了，海豚以为猴子是人，就驮着猴子向海岸游。快到雅典港口的时候，海豚问猴子："你是不是雅典人呀?"猴子说："当然，我在雅典很有名。"对面岸上正是皮瑞亚斯村，海豚又问："你是雅典人，一定知道皮瑞亚斯吧。"猴子说："当然知道，皮瑞亚斯是我的好朋友，我们小时候是同学。"海豚生气了，哼，怎么说谎呢？他钻入水底，猴子随着沉了下去。

在这个故事里，猴子说谎，海豚识别了猴子的谎言，惩罚了猴子。海豚是怎样知道猴子说谎呢？就是猴子说的那句话："皮瑞亚斯是我的好朋友。"因为这句话的话中话是：皮瑞亚斯是人，而实际上，皮瑞亚斯是个村庄。猴子的谎言露了馅。

第七章　言外有意

锣鼓听声，说话听音。

——民谚

一、言内和言外

（一）说话就是做事

人们一般认为，言和行是不同的两件事：言是言，行是行，所谓“听其言，观其行”。这似乎是常识，无须多说。

然而有一种理论认为，说话就是做事，言就是行（言语行为论）。言和行成了同一件事情，这怎么理解？其实，说话就是做事这个观点，真的不难理解。你想想，如果说话不是做事，那有许多事情还真的不好理解哩！比如说，有很多职业主要依靠说话，比如教师、主持人、话剧演员、法官、律师等，如果说话不是做事,他们岂不都成了无业游民?那当然不是的。

例如:

> 现在本庭宣判吴弘达死刑,立即执行。
>
> 我愿娶这个女人做我的合法妻子。

前例为生死大事,后例为婚姻大事。说话人不仅是在“做事”,而且还是在做大事情哩!这不都是说一句话吗?

1. 以言指事

以言指事,即说话人说了什么,或者说,说话人向听话人传达了一些什么信息。

例如:

> 嫦娥四号登上月球背面。
>
> 我就是夏曦教授。
>
> 今天夏至。
>
> 救救孩子!

这些都是说话人告诉听话人的信息,也就是说话人做的事情:以言指事。公式是:

A 说 X

2. 以言行事

以言行事,表明说话人说话的行为意图,也就是说话人说话的用意所在。

例如一位母亲带着孩子逛商场:

这蛋糕我没吃过。

这个孩子说"这蛋糕我没吃过"这句话是什么意思呢?仅仅是向妈妈传达他没有吃过这种蛋糕的信息吗?事情没有那么简单:孩子还表达了希望妈妈给他买这个蛋糕的愿望。这就是孩子说这句话的"意图"所在,也是说话人做的一件事情:以言行事。公式是:

A 说 X 意在 Y

3. 以言成事

以言成事,不仅表明说话人说话的行为意图,而且要说服听话人按照说话人的意图办成事情,也就是圆满地实现说话效果。所以,以言成事是一种语效行为。

例如,《三国演义》有“郭嘉遗计定辽东”一节,说曹操欲追杀袁绍之子袁熙、袁尚于辽东,谋士郭嘉在病死之前给曹操留下一封书信,云:

> 今闻袁熙、袁尚往投辽东,明公切不可加兵。公孙康久畏袁氏吞并,二袁往投必疑。若以兵击之,必并力迎击,急不可下;若缓之,公孙康、袁氏必自相图,其势然也。

曹操听郭嘉之计,按兵不动,果然公孙康杀了袁熙、袁尚,归顺了曹操。郭嘉就是用一纸书信上的几句话,帮曹操办成了一件大事。这就是以言成事,语效极佳。以言成事的公式是:

A 说 X 意在 Y 做到 Z

说话就是做事,如果不是“盲目地”做事,那么说话人的说话都有明确的意图。以言行事和以言成事的公式中都明确地说到了“意在 Y”。在以言指事的公式中没有说“意在 Y”,但也有意图,比如说“我告诉你”,就是意图。

在沟通中,我们每说一句话都有意图,无论直说或者曲说。直说属于话语科学,曲说则是话语的艺术。如果你的话语意图表达得不明显,听话人可能会问:“你说的是什么意思?”所谓

“意思”,“意”即“意图”,“思”即思想(信息)。只有意(意图)思(思想)明确,才有可能取得最佳的表达效果。

(二)自然意义和非自然意义

话语意义可分为自然意义和非自然意义两种。

话语的自然意义是一种纯“自然地”被理解的那些意义。这些意义除了描述事物的特征和关系以外,说话人没有什么明显或特别的“意图”,也就是“告诉”你一些信息,仅此而已。

例如:

> 谷雨前,好种棉;谷雨后,好种豆。
>
> 两只老虎,两只老虎,跑得快,跑得快;一只没有耳朵,一只没有尾巴,真奇怪,真奇怪!

前例是农谚,只是说明了某个季节与农事的关系,没有其他含义;后例是一首儿歌,活泼有趣,让你快乐,也没有其他意思。它们都是自然意义。

非自然意义不同于自然意义的地方在于:说话人总是希望通过话语传达某种思想感情,实现某种意图,收获某种语效。简单地说,它是一种有明显意图的意义。

例如：

据说从前有一个县官在判一个案子的时候写下的判词是：

情有可原，理无可恕。

后来县官接受了犯罪人的贿赂，但他没有改动判词的文字，只是把判词的两句话颠倒了一下，于是成为：

理无可恕，情有可原。

两个判词看不出什么区别，甚至逻辑上也没有问题：A 并且 B，可以推出 B 并且 A。（数理逻辑的确是这样说的。）可是问题在哪里呢？问题在于县官的“意图”。根据前者是要重判的；根据后者则可以轻判或不判。这两句话体现了说话人明显的话语意图，所以是非自然意义。

他和她赶到体育场时，下半场的足球赛已经开始了。

他问：“现在场上比分是多少？”

一位观众：“零比零。”

她：“太好了！我们一点也没耽误。”

这个故事里有三个人——他、她和一位观众，各说了一句话。“他”说的是个问句，意图是询问，为非自然意义。那位观众说的为答语，属于自然意义。“她”发表了一个可笑的“感慨”，属于非自然意义。其实值得注意的是，这个故事更为重要的意义是编故事的人通过“她”的那句可笑的“感慨”让读者开心，体现了作者的意图，因而属于非自然意义。

（三）话中话和言外意

话中话和言外意都属于非自然意义，因为它们都体现了鲜明的意图。例如：

爸爸，天晴了！

话中话：此前下雨。意图是提醒爸爸。言外意：带我出去玩！语境是：爸爸曾经承诺过。

话中话与言外意的区分在于言内和言外。所谓“话中有话”，意在言内；所谓“言外有意”，意在言外。例如：

甲：你又迟到了。

乙：对不起！

甲：你又迟到了。

乙：厅长打来电话。

前例是甲批评乙老是迟到，是话中话，乙对此表示道歉。后例中的乙没有道歉，而是说“厅长打来电话”，另有缘由，不怪自己。这是言外意。前例意在言内，后例意在言外。

具体说来，话中话和言外意的不同在于：

1. 话中话具有确定性，言外意具有不确定性。例如：

老张像个孩子。

话中话是：

有老张这个人。

意义是确定的。其言外意是：

老张说话天真。

老张不懂事。

究竟是哪个意思？前者还是后者？（在特定的语境中，意义可以确定下来。)

2. 话中话不可取消,言外意可以取消。例如:

小李家有一辆高级轿车。

话中话是:

存在小李其人。

小李有家。

存在高级轿车。

在"小李家有一辆高级轿车"的句子中,上述话中话是取消不了的。

这个句子的言外意是:

小李家只有一辆高级轿车。

然而句子:

小李家只有一辆高级轿车,如果不多说的话。

通过增加分句"如果不多说的话",这句话的言外意就取消了。

二、意从言外来

（一）合作原则

在人类的沟通中，说话人和听话人需要彼此合作，沟通才会顺利进行。如果彼此不合作，“各吹各的号，各唱各的调”，沟通不可能会是顺利的。为了沟通顺利，人们总是有意或无意地遵守一条基本规则，这就是美国学者格赖斯概括的会话“合作原则”。

合作原则具体分为四条准则：

① 量的准则：提供适量信息；

② 质的准则：话语应当真实；

③ 关系准则：内容必须切题；

④ 方式准则：表述清楚明白。

当然，合作原则以及这四条准则并不是全人类在一起开大会或开代表大会讨论通过的，也没有形成联合国的文件，但是在具体的交往过程中大家都会遵守，所以沟通一般都很顺利，不管你是哪个国家或者哪个民族的人。这就叫“约定俗成”吧！

在沟通的实践中，一般地说，遵守了合作原则及其准则的人们，沟通总是成功的；反之，哪怕一方不合作，沟通就会失败。

例如脱不花在《沟通的方法》一书中讲过一个典型案例：

> 你是一名新员工，领导突然打电话问“你现在在忙吗？”如果你按字面意思回答，我在忙这个、那个，领导肯定会觉得，“我问一句你说十句，什么意思？是不是不想接新任务”，但如果你直接回答不忙不忙，那也不合适。领导可能会想，工作量不饱和啊！可见，一句话的含义并不是字面意思那么简单。领导真正想问的是：你现在对我有空吗？所以在这个场景中，你只有一种回复是正确的：“领导，您请讲。”

再看下面两个例子：

> 荆柱国庄伯令其父视日，曰：“在天。”视其奚如，曰：“正圆。”视其时，曰：“当今。”（《吕氏春秋·淫辞》）

这是一次沟通失败的例子。

楚（荆）国大官（柱国）庄伯不知什么事让老爸不高兴，他要老爸出去看看太阳，老爸说：“太阳在天上。”问：“太阳怎样了？”答：“正圆着哩！”再问是什么时候，答：“就是现在这个时候。”这不全是废话吗？问题出在哪里呢？原因是老爸还在生气,不予合作。具体地说,老爸违反了量的准则：没有提供适量的信息,导致庄伯沟通失败。

> 孟子谓齐宣王曰:“王之臣有托其妻子于其友而之楚游者,比其反也,则冻馁其妻子,则如之何?”王曰:“弃之。”曰:“士师不能治士,则如之何?”王曰:“已之。”曰:“四境之内不治,则如之何?”王顾左右而言他。(《孟子·梁惠王》)

孟子对齐宣王说,有个人到楚国去,走之前把老婆孩子托付给了朋友,当他回来时,看到老婆孩子挨冻受饿。孟子问齐宣王,应该怎样对待这个朋友,宣王明确地说：同他绝交。孟子问,假如司法官不能管理他的下属,该怎么办？宣王说,撤他的职。孟子问：国王没有治理好国家,怎么办？宣王东张西望,把话题扯到别的事情上了。

齐宣王在同孟子的对话中,开始是很合作的,回答干脆利落;当问到国王治国的时候,他就“顾左右而言他”,岔开话题,采取不合作的态度。“王顾左右而言他”,违反了关系准则。

至于违反质的准则：提供虚假信息,诱使对方上当受骗;违反方式准则：故意把话说得晦涩难懂,或者颠三倒四,啰唆重复，让人不知所云，也都是不合作的态度。

人际的沟通，无论家事、国事、天下事，一般都是成功的，因为沟通者一般都有合作的诚意，不合作者只是少数，乃至个别。

（二）言外有意

在沟通的实践中，遵守合作原则和其准则的表达似乎只限于直说，传达的也似乎只是自然意义。在很多情况下，人们似乎更喜欢离开合作原则及其准则，搞点别的什么。当然这里的“似乎”只是似乎。这里的意思是说，在沟通中，说话人似乎违反某项准则，似乎采取了不合作的态度，实际上是在传达言外之意。

例如：

> 楚庄王莅政三年，无令发，无政为也。右司马御座，而与王隐曰："有鸟止南方之阜，三年不翅，不飞不鸣，默然无声。此为何名？"王曰："三年不翅，将以长羽翼；不飞不鸣，将以观民。则虽无飞，飞必冲天；虽无鸣，鸣必惊人。"（《韩非子·喻老》）

楚庄王即位三年，不理国事，大臣伍举在朝廷上对庄王说："有一只鸟栖在南边土山上,三年不飞不鸣,这是怎么回事?"庄王回答说:"此鸟不飞则已,一飞冲天;不鸣则已,一鸣惊人。"(成语"一鸣惊人"的来源。)

伍举在朝廷上和楚庄王讲隐语(相当于谜语),似是违反了关系准则:不切朝政话题;也违反了方式准则,话语不明不白。然而实际上两人合作得很好,彼此心照不宣,都在传达言外之意。他们的言外意分别是:

> 伍举:批评庄王在位三年无所作为。
>
> 庄王:虽然三年无所作为,但不久将有惊人之举。

楚庄王果有惊人之举,终成春秋时期五霸之一。

下面再举两例,关涉质的准则和量的准则。

例1:

> 老张是个老狐狸。

狐狸是一种野生动物,老张怎么会是老狐狸呢?这句话显然违反质的准则。其言外意是:

> 老张是个很狡猾的人。

例2：

甲：丽丽的老公是谁？

乙：男人。

乙回答的信息量趋近于零，违反量的准则。言外意是：

我不想告诉你。

说话人传达言外之意，似乎是不合作的，实际上却是合作的，只是意不在言中而在言外，言外有意。

（三）言外之意

言外意就是越出字面意义而得出的意义，是根据合作原则和语境推导出来的言外之意。

言外意的推导大体是这样进行的：

① 说话人说出话语U，似乎违反某项准则；

② 没有理由认为说话人不合作；

③ 根据语境，说话人传达的是言外之意。

例1：

甲：星期天滑雪去好吗？

乙：我爸妈来了。

例 1 言外意的推导是：

① 乙说“我爸妈来了”，与滑雪不相干，答非所问，似是违反关系准则。

② 没有理由认为乙不是在回答说话人的滑雪建议。

③ 根据语境，乙说“爸妈来了”，乙需要陪伴爸妈。言外意应是：星期天不能跟甲去滑雪了。

例 2：

大嫂：同志，你叫什么名字？住在哪里？

雷锋：我叫解放军，住在中国。

例 2 言外意的推导是：

① 雷锋说：“我叫解放军，住在中国。”提供的信息量过少，违反量的准则。

② 没有理由认为雷锋不是在回答大嫂的问题。

③ 雷锋为大嫂买了火车票，大嫂询问雷锋姓名、住址，意在还钱。由此推出言外意是：大嫂别问了。

例 3：

甲干了傻事，而乙却说：

你真聪明。

例 3 言外意的推导是：

① 乙说甲真聪明，违反质的准则。

② 没有理由认为乙不是在评论甲的行为。

③ 根据语境，言外意是：你真笨。正话反说。

言外之意来自言外。

三、言外意的类别

言外意可以根据不同的分类标准进行不同的分类。这里采用一种比较浅近、直观的分类方法把言外意分为常规言外意、上下文言外意和背景言外意三个类别，以便读者进一步认知言外意的特征，更方便于言外意的日常应用。

例如：

你好！（熟人相遇）

你好！（老友相遇）

你好！（仇人相遇）

前例“你好”，熟人相遇，打个招呼，表示问候，为常规言外意；中例“你好”，因为是老友相遇，一般都有下文，回应“你好”，表示挂念，为上下文言外意；后例“你好”，因为是仇人相遇，自然有许多故事，言外意也复杂得多，为背景言外意。

（一）常规言外意

常规言外意是在遵守合作原则而不需考虑语境的情况下推出的。也就是说，按照常识就可以推出的言外意，我们称之为常规言外意。例如：

小张捡到一个钱包。

小张切断一根手指。

言外意分别是：

钱包是别人的。

指头是（小张）自己的。

推出这样的言外意还需要什么特定的语境吗？不需要了，人人都会推导，所以称之为常规言外意。这一类的例子很多。例如：

春天终于到了。

言外意：太长的冷天过去了。

有人迟到了。

言外意：不是所有的人都迟到了。

他走进一所房子。

言外意：这不是他的家。

战争就是战争。

言外意：战争是残酷的，会给人类带来灾难。

常规言外意并非没有语境，只是不需要考虑语境，但是必须遵守合作原则。这就是常规言外意的特征。常规言外意也正因为不需要考虑语境，应用起来非常方便，在日常会话中最为多见。

（二）上下文言外意

人们的话语表达一般叫作前言后语，在书面语中称为上下文，实际上两者可以混用，都可以叫作“上下文”或“前言后语”。这里说的言外意均以“上下文”称之。顾名思义，上下文言外意依赖于上下文或前言后语的语境。上下文语境也称为“言辞语境”。

例如：

甲：听说解放军已经打到长江了。

乙：春天终于到了。

乙说的“春天终于到了”，因为有甲说的“听说解放军已经打到长江了”的“前言”，因而不同于前面“春天终于到了”常规言外意的季节，这里是指政治气候。言外意为：

人民胜利了。

这就是上下文或前言、后语、言外意。其他例子如：

儿子：噢，踢球去了。

妈妈：你作业做完了吗？

妈妈的言外意：作业做完才能去踢球。

妈妈：早晨买的鱼呢？

儿子：猫咪进过厨房。

儿子的言外意：猫咪把鱼吃了。

甲：车没油了。

乙：前面左拐弯，有一家加油站。

乙的言外意：可以到加油站加油。

(三) 背景言外意

上下文言外意可以从上下文获得信息，推出言外之意。如果上下文没有给出需要的信息呢？那就得从话语的背景中寻求所需要的信息，从而推出言外意，这就是背景言外意。背景语境亦即社会语境。

例如：

甲：这家公司要找个打字员。

乙：小兰是大学生。

乙的言外意是：小兰可否应聘。

这里涉及一系列的背景语境，比如公司对求职者教育程度的要求、年龄限制、说话人跟小兰的关系，等等。

调查员：约翰真的达到了要求的数量吗？

邻　居：是的，他确实有三头奶牛。

邻居的言外意是：约翰达到了要求的数量。

背景语境是某机构规定，必须养三头奶牛才能发给优厚补贴。

去他的丘吉尔！

英国首相丘吉尔乘出租车去下院演说，到达目的地，他对司机说："我在这里耽搁一小时，你等我一下吧！"司机说："不行。我得赶回家去收听收音机里丘吉尔的演说。"丘吉尔很高兴，给了他一笔可观的小费。司机看着这意外的收入，说："我想了一下，还是在这儿等着送你回去吧！去他的丘吉尔！"

女儿心上想情郎，日写花笺数万行。

月上枝头方得息，梦魂又欲到西厢。

言外意：谢客。

背景语境是：作家端木蕻良工作很忙，无暇和一些爱东拉西扯的闲人长谈，于是在住所门上贴了这首很含蓄的诗。

四、言外意的自然推导模式

一位专家说："伯牙鼓琴，子期识其高山流水之志，伯牙引为知音。知音者善听弦外之音，知言者善解言外之意。其实弦外无音，言外无意，音从弦出，意以言生，其所以谓外，只是由于我们不知音不知言而已。"另一位专家说："真理本身是简易的，公式的形成是自然的。如果有可行的模式的话，那模式一定是简单的。"

其实沟通在大多数情况下都是很简单的，甚至婴儿都会沟通，你信吗？一位爷爷给刚满百日的孙女儿写了一首散曲，末句云："莫道口无牙，却偏爱唠叨家常话，咿咿呀呀。"小小孙女儿已经会和大人们交流感情了。儿童对于言外意也是一听就懂。比如孩子想出去玩耍，妈妈说："你作业做完了没有？"孩子明白：只有做完作业才能出去玩耍。

言外意的推导，在大多数情况下都非常简单，应用起来轻松愉快。它的一般模式也就是：

C（A，所以 B）

这个模式是简单的，只有 C 和 A、B 三个项，C 是语境，A 是说话人所说的话语，也就是言外意推理的前提，B 就是推导出来的言外意。这个模式也是自然的，即言外意是根据特定语境中说话人的话语推导出来的。

例如：

奶奶到很远很远的地方去了。

言外意：奶奶死了。

“奶奶到很远很远的地方去了”是说话人对孩子所说的话语，为 A。“奶奶死了”是言外意，为 B。中国古代文化讳言“死”字是背景语境，为 C。这个推理就是：大人对小孩说“奶奶到很远很远的地方去了”，中国古代文化讳言“死”字，由此推出：小孩的奶奶死了。公式是：

A+C 推出 B

这自然不是形式推理，而是一种描述性的推理。

言外意推导的自然过程是：一看话语；二看上下文；三看

背景语境。

（一）一看话语

言外意的推导，首先着眼于说话人的话语，看看说话人的话语告诉了我们一些什么信息。即前提A。

话语有两种情况：有标记和无标记。有标记的话语如：

那个讨厌的人又来了

理无可恕，但是情有可原。

小张或者小李去一趟总公司。

我不是不想考研。

我请你把车子挪开。

我警告你，那头公牛很危险。

话语标记（有着重号的词语）提供了相关信息，可以由此推出言外之意。以上各例依次推导如下：

那个讨厌的人又来了。言外意：那个讨厌的人不是第一次来。

理无可恕，但是情有可原。言外意：可以从轻处理。

小张或者小李去一趟总公司。言外意：随便哪个去。

我不是不想结婚。言外意：我有难言之隐。

我警告你，那头公牛很危险。言外意：你要提防那头公牛。

请你把车子挪挪。言外意：车子停放位置不当。

（标记语词传达的意义不止言外意，比如话中话或其他。）

那么，如果无标记呢？那就凭借你的常识（常识语境）推出常规言外意。例如：

小王丢了一个钱包。

小王捡了一个钱包。

言外意分别是：

前例：钱包是自己的。

后例：钱包是别人的。

这样的常识每个人都会有的。

（二）二看上下文

言外意的推导，如果说话人的话语提供不出相关的信息，也没有标记性词语，听话人又缺乏相关的常识，那么就得从上下文寻找语境信息。例如：

甲：小王呢？

乙：会议室在放录像。

甲在找小王，乙没有告诉他，但是甲从乙的话语中可以推出：

言外意：小王在会议室。

这就是从上下文语境中获得了言外之意。

甲：你到过黄山吗？

乙：我还没有去过江南哩！

言外意：乙没有到过黄山。

推导的具体过程大体是这样的：

黄山在江南。

如果到过黄山，一定到过江南。

乙没有到过江南。

所以，乙没有到过黄山。

“乙没有到过江南”是上下文提供的信息，是这个推导的前提之一。

美国著名作家桑德堡蜚声文坛，登门求教的人络绎不绝。一位青年剧作家新剧本彩排，想听听桑德堡的意见。演出开始不久，桑德堡就鼾声大作，一直到剧终。青年剧作家抱怨说：“我是多么想听听您的意见啊！可是您一句话也没有。”桑德堡惊讶地说：“难道你一点没听到？那鼾声不就是意见吗？”

本来那鼾声就是背景语境，可以推出桑德堡不喜欢这个剧作，可是青年人没有体悟出来，使得桑德堡只得直说出来，成了青年人的上下文语境了。

（三）三看背景语境

言外意的推导，如果上下文语境也不能提供相关信息，那就只好求助于背景语境了。例如：

我们今天宰了他一刀。

从说话人的话语内容来看，今天有人用刀捅了某人。这可是一个重大案件啊！可是从背景语境来看，只是几个人要某人请客吃了一顿饭，某人花了一笔钱，也叫“出了一些血”。这句话的言外意原来如此，跟命案毫不相干。

作文悼念愈之兄，在我是第二回了。

言外意：我曾经作文悼念过愈之兄。

这就奇了怪了，难道还有人死过两次吗？考察背景语境，原来是这样的：著名社会活动家、革命家胡愈之在新加坡主编《南洋商报》，太平洋战争爆发，流亡到了苏门答腊，国内传闻他已经牺牲，作家叶圣陶、茅盾等都为胡愈之先生写过悼念文章。1989 年 1 月，胡愈之先生病逝，叶圣陶先生写的悼念文章中说了上面这句话。原来如此。

在言外意的推导中，值得注意的是：推导出来的言外意并非必然为真。也就是说，只是可能为真。例如：

甲：西溪湿地保护专家研讨会在刘庄开会。

乙：夏曦教授昨天来到杭州。

言外意：夏曦教授参加西溪湿地保护研讨会。

这里推出的言外意并非必然为真。夏曦教授昨天到杭州并非必然是参加西溪湿地保护研讨会的，他可能到杭州有别的事情。如果要确证夏曦教授昨天到杭州是参加西溪湿地保护专家研讨会的，那就需要增加背景语境信息：

夏曦教授是应邀专家之一。

似乎还应添加一条背景信息：

刘庄就是西湖边上的“西湖国宾馆”。

增加这两个语境前提，也就增加了言外意的真实性程度。

此外，言外意的推导往往不止一个结论。例如：

张三是一架机器。

由此可以推出言外意：

张三是个工作狂。

张三办事效率很高。

张三是个冷酷的人。

张三思维方式呆板。

张三有气喘病。

在这么多的结论中,哪一个才是真实的呢?背景语境会告诉我们的。

第八章　曲义修辞

修辞立其诚，所以居业也。

——《易经》

一、曲说与修辞

（一）修辞

《易经·乾文言》："子曰：'君子进德修业。'忠信，所以进德也；修辞立其诚，所以居业也。"孔子认为进德先于修辞，也就是立德重于立言。说话出于诚意，是为了立业。

在现代修辞学里，修辞就是修饰文辞，也就是在特定语境中提高表达效果的手段。说得具体一些，"修辞"包括五个要点：其一，修辞是一种行为，说话就是做事。其二，修辞是一种言语行为，亦即一种符号行为。其三，修辞是一种言语交际行为,不是文字游戏。其四,修辞是一种有意识、有目的的言语交际行为,用以取得预期的交际效果。其五,修辞是在特定语境中的一种有意识、有目的的言语交际行为。

修辞的终极目标是取得最佳表达效果。例如:

> 五代著名诗僧齐己在下了一夜大雪的早上,发现有几枝梅花已经开了,觉得开得很早,为了突出一个"早"字,便写了一首《早梅》诗,其中有两句云:"前村深雪里,昨夜数枝开。"他对这两句诗很满意,便高兴地拿去请教诗友郑谷。郑谷看了几遍后评点说:数枝梅花开已经相当繁盛了,不足以说明"早",不如把"数枝"改为"一枝"更贴切。齐己听了,认为改得很好,欣然接受,并向郑谷拜谢。后人便称郑谷为齐己的"一字师"。

郑谷改动一个字,更加凸显了"早梅"的"早"。这就是修辞的妙处。"一字师",郑谷当之无愧。

"贾岛推敲"的故事传闻后世,这里再说一个贾岛关于推敲的故事:

贾岛写过一首《送无可上人》的诗,诗中五六两句云:"独行潭底影,数息树边身。"句下有一自注,也是一首小诗:

两句三年得，一吟双泪流。
知音如不赏，归卧故山丘。

这首小诗充分地体现了贾岛追求表达最佳效果的修辞精神。

（二）记述性修辞和表现性修辞

从前的村镇小客栈的门上，常常见到不相同的两副门联：

未晚先投宿，鸡鸣早看天。

鸡晨茅店月，人迹板桥霜。

这两副门联体现了两种不同的修辞境界：前者是直说的，明明白白，为记述性修辞；后者却是唐代诗人温庭筠的两句诗，生动形象，为表现性修辞。

记述性修辞是这样一种修辞：说写者客观地记述对象事物的情况，力求避免个人的感情色彩，以“明白”为止境。其具体要求是：

① 事实确凿。同客观实际相一致。

② 文理通顺。符合语法，切合情境。

③ 语言简洁。用最经济的话语表达最丰富的内容。

④ 意义明确。有确定的含义,题旨显豁,不含糊其词。

表现性修辞以生动地表现生活的体验为目的,充分利用语言或文字的音、形、义使表达艺术化,以唤起听读者感情的共鸣,获取良好的修辞效果。

请看下面关于垂柳的两段文字:

> 垂柳,杨柳科。落叶乔木。小枝细长下垂。叶披针形或线状披针形,有细齿。早春先叶开花,雌雄异株,柔荑花序直立。蒴果。种子小,有白色丝状长毛,俗称"柳絮"。产于我国南方,水边习见。

> 春风来了,细细的柳丝上,不知从什么地方送来些嫩黄色,定眼看去,却有些绿的意思。它的腰柔软如下垂的棉线,轻风将它们的下梢一顺地托起,姿势整齐而好看。默默之间,又一齐垂下了,仿佛小女郎梳齐的头发。

两例都写垂柳,一样地显现了作者上乘的修辞功夫,但修辞境界不同:前者明明白白,后者生动形象。前者为记述性修辞,后者是表现性修辞。

（三）修辞格

修辞格是修辞的一种常用模式。在日常的交际中(口头语或书面语),人们为了特定题旨和情境的需要,采用了一些语言生动、效果良好的修辞手段,并在长期的使用和发展中形成比较固定的格式,这就是修辞格,简称“辞格”。具体说来,修辞格有三个特征:① 性质上属于表现性修辞;② 使用艺术语言;③ 它是不同修辞手段的标签。

1. 属于表现性修辞

与记述性修辞不同,表现性修辞充分利用语言的体验因素创造了一个崭新的境界,能让听读者受到感染而产生共鸣,因之就能收到修辞者所预期的表达效果。正如一位修辞学家所说,它必须是音乐的、绘画的、现实性的,总之是具体的、可感觉的。因为只有用这些做凭借,它所创造的境界才能使表现的境界而不止于记述的境界,才能是浪漫与现实的结合体,才能是从读者的心灵深处受到感染,通过炽烈的燃烧,化为行动的力量。例如李白诗句“举杯邀明月,对影成三人”,“白发三千丈,缘愁似个长”,都是难以在客观世界见到的,但我们可以从诗人的情感世界中找到这种说法的艺术上的真实性。

2. 使用艺术语言

修辞学的辞格部分使用的是艺术语言。艺术语言的作用正是通过形象,在语言中创造鲜明的境界,深刻地给听读者留下不可能即时消逝的印象。这样,听读者既充分理解说写者的思想感情,同时在内心中激起思想感情上的感动和共鸣。艺术语言的各种手段,通过修辞工作者的归纳和分析,把各种表现性修辞的手段分门别类,以便人们掌握和运用,这就是修辞格。

3. 修辞手段的标签

辞格是就艺术语言的种种形式分出不同类型的总称。这每种类型,必须分别为他们起个名字,例如比喻、夸张、双关之类,我们把它们叫作“标签”。有了不同的标签,散漫的修辞现象就能在标签下分别集中,也就能在不同的标签之间显示区别。

有了标签的辞格,为了便于掌握和运用,我们还可以把这些辞格分别归纳为几个大类。修辞学家们由于归类的意图不同,于是就有了不同的归类。这里采用一种三分法:语音辞格、语形辞格和语义辞格。

① 语音辞格

语音是语言符号的能指,所以语音辞格是关于符号能指的辞格。语音辞格是指一些特殊的调音手段。例如：

> 大弦嘈嘈如急雨，小弦切切如私语。
>
> 嘈嘈切切错杂弹，大珠小珠落玉盘。（白居易《琵琶行》）

大弦为粗弦、低音弦，用“嘈嘈”描摹声音的粗重急促；小弦是细弦、高声弦，用“切切”来描摹声音的轻细急促，都非常生动形象。“嘈嘈切切”为拟声词。

② 语形辞格

着眼于句子形式的整齐匀称。从符号学的意义上说，它们关涉句子的符形，亦即句子的排列组合，因而属于语形的修辞。例如：

> 落霞与孤鹜齐飞，秋水共长天一色。（王勃《滕王阁序》）

两个分句结构相同，平仄相对，表达一个相对称的意思。这是对偶辞格。

③ 语义辞格

着眼于词语、句子乃至文本的意义，亦即语言符号的所指。

例如：

> 锲而舍之，朽木不折；锲而不舍，金石可镂。（荀子《劝学》）

以两种相反的态度作比较，传达了“做事要有恒心，有毅力”等意义，属于对比辞格。

（四）曲义修辞格

曲义是相对于直义而言的。直义是句子的本义，即句子的本来应有之义，而曲义则是字面意义的转义，通常指修辞学上的一些转义辞格，如比喻、夸张、反义等，它们的意义已经不是句子本来的意义，而是转移到另外的意义上了。例如：

> 丽丽是小美女。
> 丽丽是一枝花。

从字面意义看，两个句子不相干，前者说的是人，后者说的是“花”，只是好事者把它取个名字叫“丽丽”罢了。可是在特定的语境中，两例竟然说的是同一个意思，都是说丽丽是个漂亮的小女孩,只不过前者是直说,后者是曲说而已。

曲义修辞属于表现性修辞,而不属于记述性修辞。曲义修辞使用的是艺术语言,并且贴上了辞格的标签。比如“丽丽是一枝花”为隐喻辞格。

曲义修辞格属于语义辞格,而不属于语音辞格或者语形辞格。曲义修辞属于话语本义的转义,与着眼于调音的语音修辞和着眼于形式结构的语形修辞存在明显的区别。比如摹声、谐音、叠音等语音辞格,排比、对偶、回环、反复、顶针等语形辞格,它们都不属于曲义修辞。

曲义修辞的“曲义”实际上就是广义的“言外意”,它具有前述言外意的一切特征:它也是越出字面意义的言外之意,也是语境的产物,需要经过推导才能得出的意思。曲义是言外意的一个子类。

曲义修辞的言外意可以经过一定的步骤推导出来。例如,“丽丽是一枝花”的推导过程大体如下:

丽丽是一枝花。(话题)
“花”的语表意义是一种植物。(词典意义)
“花”的比喻意义是指美女。(词典意义)
丽丽或者是植物,或者是美女。(语境选择)
丽丽不是植物。(语境知识)

所以,丽丽是美女。("或者"的推理)

丽丽是小女孩。(语境)

所以,丽丽是小美女。

这里应用的是一种描述的方法,而不是形式推理。

二、联想型曲义

联想型曲义是这样一类修辞:如果字面含有或者暗含有某种关系,就可以通过联想,推导出相关联的言外之意。联想型曲义包含比喻、比拟、借代等辞格。

(一) 比喻

比喻是人类最古老、最广泛、最活跃、最普遍的一种修辞方式。一般包括三个组成要素:本体——被比喻事物;喻体——比喻事物;喻词——表示相似关系的词。一般结构公式为:

本体+喻词+喻体

比喻的表达总是出现喻体,而本体和喻词则时隐时现。由此可以把比喻分为明喻、隐喻和借喻等不同类别。

看一个例子，本书作者曾经为《山高水长——我与唐孝威院士》一书写过一段话：

> 云山苍苍，江水泱泱，先生之风，山高水长。唐先生学问如高山巍峨，长使后学仰止不息；唐先生品行更如高山苍苍，总令吾辈追慕不已。唐先生家传若江水绵长，蓄积世代德业无限；唐先生风范更若江水泱泱，沐浴教林学子无数。本书取名《山高水长》，宜乎先生，诚哉斯言。

这些文字大量使用了汉语隐喻的表述方式，并与同样运用隐喻表达的书名相互呼应。

1. 明喻

明喻明显地表明了比喻的相似关系，使听读者很容易知道这是比喻。明喻中用以表示相似关系的喻词是“像”，其他如“如”“若”“似”“好比”“仿佛”等，最典型的是“像”。一般结构公式为：

本体+像+喻体

简单地说成：

A 像 B

例如：

她秀美的面容像一尊大理石的雕像。

“她秀美的面容”是本体，“像”是喻词，“一尊大理石的雕像”是喻体。

她秀美的面容像一尊大理石的雕像。（话题）

她秀美的面容和大理石的雕像具有相似性。（“像”的含义）

所以，她秀美的面容像一尊大理石的雕像。

明喻最大的特点就是鲜明、生动，形象逼真、传神，适用于各种语言环境，表达各种微妙的思想感情。

2. 隐喻

隐喻亦称暗喻，典型的喻词是“是”，还有“成”“变成”等。隐喻暗示或隐藏着本体和喻体之间的相似关系。结构公式为：

A 是 B

例如：

> 每一树梅花都是一树诗。
>
> 霎时间，东西长安街成了喧腾的海洋。

隐喻在字面上不合情理（违反质的准则），比如梅花怎么会是诗呢？长安街怎么成了海洋呢？这使得听读者不得不去寻求另外的解释，寻求它们的言外之意。比如说：

> 梅花相似于诗，都有一种韵味。
>
> 长安街的热闹相似于海洋的喧腾。

隐喻比明喻更多一层曲折。

隐喻是人类语言的一种普遍现象，有人说，我们的日常会话，几乎每三句话中就会出现一个隐喻（I. Richards, 1936）。语言不可能摆脱隐喻，隐喻处在语言的核心地位。古希腊亚里士多德在他的名著《修辞学》和《诗学》中就对隐喻有了广泛而深入的研究。亚里士多德认为，“明喻也是隐喻，二者的差别是很小的”。他举例说：“诗人说‘阿喀琉斯像一头狮子猛冲上去’，这个说法是明喻；要是诗人说‘他这狮子猛冲上去’，这个说法就是隐喻。由于二者都很勇敢，诗人因此把意思对调，称阿喀琉斯为狮子。”

隐喻的生成离不开相似性和类比推理。比如“他像一头狮子”或者“他是一头狮子”，都可以通过联想推出“他很勇敢”的结论。这种通过相似和类比实现的推理有其自身的特殊性，往往被叫作“隐喻推理”或“喻证法”。

在现实的沟通情景中，描述一个本体时联想到的喻体往往不是唯一的，由一个喻体推理出的本体性质也不是唯一的。例如谈论“人生”时，甲说“人生是一首歌、一台戏”，乙说“人生是一副牌，一盘棋”，可见两者认知的差异性。而当甲说到“人生是一道题”时，乙随即说“人生就是一道数学题”。在这一沟通过程中，甲说“人生是一道题”的根本意图是表达“人生需要增加能力，减少烦恼，提升合力，分享快乐”的生活态度。为了表达这一根本意图，甲先要表达延伸意图“人生是充满‘加减乘除’的运算”，并最终将该意图用“人生是一道题”这一显性语言符号表达出来。在相同的经历和知识背景下，乙看到“人生是一道题”时，其解读也将是“人生是一个关于运算的过程”，并且进一步延伸认知链，直到最终认知。由乙表述“人生就是一道数学题”可知，他确实理解了甲的根本意图。

3. 借喻

借喻是以喻体代替本体，本体和喻词都不出现，是一种最含蓄的比喻。借喻的修辞格是：借 A 喻 B。例如《国际歌》：

最可恨那些毒蛇猛兽，
吃尽了我们的血肉。
一旦把它们消灭干净，
鲜红的太阳照遍全球。

首句借“毒蛇猛兽”比喻毒辣凶狠的敌人；末句借“太阳”比喻革命旗帜。

借喻由于本体和喻体融合在一起，形象而含蓄，简明洗练，给听读者留下丰富的想象空间，即使未见本体，听读者也能轻松地联想到本体。比如从“毒蛇猛兽”联想到毒辣凶狠的敌人，从“太阳”联想到革命旗帜。

4. 比喻的变式

比喻修辞还有一些变式。比如：

（1）**博喻**　由两个以上的喻体来说明一个本体的比喻。例如：

只见那后台里又走出一位姑娘……那双眼睛，如秋水，如寒星，如宝珠，如白水银里养着两丸黑水银。（刘鹗

《老残游记》）

又比如，2016 年 9 月，G20 峰会第 11 次会议在杭州召开。围绕“11”这个数字符号，白岩松做了别具一格的诠释。他说：“11=合作，标志着 1+1>2，强调合作共赢；11 是一支足球队，必须要完成整个队伍的联动，而且还要包容；11 是两条腿，等于行动，G20 应该向行动派转变；11 延长之后就变成了一条路，是一条可持续发展的路。”由此引出了大家要齐心、合作、行动，坚持走中国特色社会主义发展道路等寓意。

在博喻中，每一喻体在解读上相互独立。比如上例中，“11”可以被视为不同类型的符号，构成多个平行的概念网络；每个点内部的隐喻构建依然是发散的，建立顶层隐喻概念时所判定的符号类型在接下来的推理中不保持。如“11 是一条路”是将“11”作为像似符，两者在形态上相似，但进一步以“路”为符形得到的解释不一定是与路相似的事物，也可以将其作为其他类型的符号得到新的符释。同样，发散性的隐喻表达也给予了听话人更大的理解空间，通过将其视为不同类型的符号，听话人也可以得到不同的理解结果。上例中如果将“11”视为像似符，可能理解到“11 是一条路”，而视为规约符，才能理解“11 是一支足球队”。符号类型的判定过程融合了分类、联想、经验和推理等众多因素，使主体间的交际具有很强的双向互动性和明确的目标指向性。

（2）**倒喻**　喻体在前，本体在后，是颠倒了本体和喻体次序的比喻。例如：

> 上海人叫小瘪三的那批角色，也很像我们的党八股，干瘪的很，样子十分难看。（毛泽东《反对党八股》）

本该是党八股像小瘪三，这里说成小瘪三像党八股。

（3）**反喻**　用否定语气说明本体。例如：

> 这个整天跟钢铁打交道的技术员，他的心倒不像钢铁那样。（巴金《怀念萧珊》）

意思是说，这位技术员性格柔和。

（4）**互喻**　设两个比喻句，一个用喻体比喻本体，另一个用本体比喻喻体。例如：

> 远远的街灯明了，
> 好像闪着无数的明星。
> 天上的明星现了，
> 好像点着无数的街灯。（郭沫若《天上的街市》）

(5) **较喻**　比喻兼喻比较。例如：

妈,你的心比针尖还小。(柳青《创业史》)

(二) 比拟

为了使表达生动形象,故意把物当作人,或者把人当作物(违反质的准则)。比拟分为拟人和拟物两个类别。

1. 拟人

例如：

录音机接受了女主人的指令,"叭"的一声,不唱了。(王蒙《春之声》)

把录音机比拟为人,能听从女主人的命令。

2. 拟物

例如：

咱们老实,才有恶霸,咱们敢动刀,恶霸就得夹着尾巴

跑。(老舍《龙须沟》)

句中以狗拟恶霸,形容逃跑的狼狈样。

(三)借代

以相关事物代替所要说写的事物。例如:

秃头站在白背心的略略正对面,弯了腰,去研究背心上的文字。(鲁迅《示众》)

借"秃头"代"没有长头发的人",借"白背心"代"穿白背心的人"。

三、反事实型曲义

"反事实型曲义"的意思是说,在特定的修辞情境中,话语字面上明显地违反事实,是个虚假语句(违反质的准则),但实际是说写者要听读者透过语表的"反事实"来理解话语的本意,亦即"语里"。夸张和反语典型属于反事实型曲义。

（一）夸张

为了表达强烈的思想感情，突出事物的本质特征，故意对事物的某个方面夸大或缩小，作艺术的渲染。

1. 扩大

例如：

冯结巴用了近一个世纪的光景才把一个语意完全表达出来。（肖克凡《黑砂》）

显然表达一个语义不可能用“近一个世纪”这么长的时间，违反了量的准则，实际只是为了说：用了很长很长时间。

2. 缩小

例如：

是的，那么小的一个小城，就是城东一个人放个屁，城西的人也会嚷嚷臭不可闻。（张洁《祖母绿》）

这里为了描写小城的小，反事实地夸大了小的程度。

（二）反语

1. 正话反说

例如：

> 李氏心下为难，猛然想起一计来，须如此，这冤家方能回去。（《三侠五义》）

把最亲密的人说成“冤家”，正话反说。

2. 反话正说

例如：

> 根据报纸上官方介绍，他是天底下头等大好人，浑身上下毫无缺点，连肚脐眼都没有。（宗福先《于无声处》）

这里是讽刺这样的人不是好人，坏事做尽，属于反话正说。

（三）倒辞

用无情或贬义的话来表达深情或褒义的本义。例如：

> 捅开了马蜂窝，好不热闹！（周立波《湘江一夜》）
>
> 几个女人有点失望，也有点伤心，个人在心里骂着自己的狠心贼。（孙犁《荷花淀》）

“好不热闹”就是好热闹。“狠心贼”实际上是最心爱的人。

四、双义型曲义

双义型曲义有语表和语里两层意思，一语双义。双义型曲义包括双关、飞白、曲解和别解。

（一）双关

双关是典型的双义型辞格。说话人有意用一个语句表达语表和语里两个意思。例如：

大总统，洪宪年，
正月十五卖汤圆。（民谣）

民国大总统袁世凯做了皇帝，改元洪宪元年。这件事跟汤圆有什么关系？有的。请看下面的推导：

正月十五卖汤圆。
正月十五为元宵节。
“汤圆”又名“元宵”。
大总统，洪宪年。（政治现实）
“元宵”与“袁消”谐音。（修辞知识）
所以，袁世凯必将消亡。

“元宵”一语双关：一是“正月十五卖元宵”；二是袁世凯即将消亡。

又如：

一切尽在掌握。（手机广告）

“掌握”一词表达表里两层意思：一是“掌握”和“把握”的意思；二是手掌中把着的意思。

（二）飞白

明知其错，故意仿效。例如：

年轻时光，谁个又没有过一番风流？乱爱（恋爱）乱爱！男人女人，卷到一个被筒里，也乱了，也爱了。

说话人把“恋爱”误读为“峦爱”，然后曲解为“乱爱”，构成“乱爱”和“恋爱”的双义。

近些年来，在我们的生活中出现了大量滥用“飞白”修辞的现象，主要表现在广告上。如：“××蚊香——默默无蚊的世界”“××服装，让你衣衣难舍”“××化妆品，趁早下斑，不要痘留”，如此等等。公正说地，在广告中妙用“飞白”修辞让人印象深刻，并非不可取，但是如果滥用，那就扰乱了汉语固有的使用规律，破坏了汉语的严肃性。

（三）曲解和别解

1. 曲解

例如：

> “同志，我想要两只苏州名菜。”
>
> “名菜，每一只菜都有名字。”（陆文夫《美食家》）

“名菜”本义是“著名的菜肴”，这里被曲解为“每一只菜都有名字”，意在表现：说话人缺乏服务精神。

2. 别解

例如：

> 我在军机关里散漫邋遢是挂了号的。我天天早晨睡懒觉，有人开玩笑说我是政治部里的“一号卧龙”。（李存葆《高山下的花环》）

“卧龙”的本义是指诸葛亮，这里别解为“睡懒觉”。

结　语

没有人是一座孤岛，沟通就是人与人之间架起的桥梁。沟通无处不在，有效沟通使得思想、信息、情感、态度在个体或群体中实现良性互动，更好体现主体的意图和愿望。

也正因为沟通在小至日常生活，大至文明存续的各个维度上都显示出不可替代的功能与意义，因此成为逻辑学、语用学、传播学、管理学、人际关系学、心理学等不同学科共同关注的重要话题。在社会治理领域，探讨通过完善政府公共关系沟通，促进社会矛盾的化解，加快公共危机的解除。在企业管理领域，探讨上下级代际沟通以及各种不同类型的沟通，尝试因人而异、随机应变的沟通方法和策略，帮助解决不同背景、不同职位的人由于某些主客观因素而引发的分歧与矛盾，以营造良好的企业氛围。对医患沟通、师生沟通、亲子沟通、跨文化沟通等面向特殊领域和群体的沟通方式，也有大量专门的研究。

诚然，沟通是心灵的对接而不仅仅是语言技巧的使用，但对语言的良好把握仍然是心灵相通的基础。因此，本书旨在以语用学和语言逻辑这一更为基本的视角来讨论日常生活中的沟通问题，思考沟通现象背后的规则与方法。

语言是一种社会现象，它作为人的思想观念、思维方式的延伸，是人类沟通的重要载体，同时也是思维的表现。说话是为了表达自己的思想，进行实现人与人之间的交际。语言是丰富多彩、变化多端的，不同人群的语言表达各不相同，这也从侧面反映每个人的思维和想法的差异性。

莫里斯曾指出，语义学研究符号与其所指示的对象之间的关系，语用学研究符号与解释者之间的关系；语义学研究符号所具有的各种方式的意谓，语用学研究符号的起源、应用与效果。莫里斯的这些说法似乎都不是那么准确和鲜明，或者说都不那么到位。其实，语义学和语用学的区别仅仅在于：语义学研究意义不依赖于符号情境，而语用学研究意义是必须依赖于符号情境的。

符号情境（sign situation）是指符号使用者（包括解释者）应用符号传达思想感情的具体环境，也称为语境（context）。不过，严格地说来，“语境”着眼于语言符号的情境，而“符号情境”的范围更为宽泛一些。为了方便起见，我们只使用“语境”一词。这样对于“什么是语用学”这个问题，就可以简单而明确地回答说：

语用学研究语境中的意义。

在语用学界，很多学者也都是从意义和语境之间的联系来定义语用学的。例如有人说：语用学是“利用语境来推断意义的学问”[①]；有人认为可以把语用学直接地看成语境学。[②] 英国语言学家利奇(G. N. Leech)提出了意义的二价用法：X 意指 Y，以及三价用法：说话人 S 通过 X 意指 Y。准确而具体一点说，语用学所要解决的意义，应该是意义的四价用法：即说话人 S 在特定情境 C 中通过 X 意指 Y。总之，语用学是研究语境中的意义问题的。利奇还在《语义学》一书中提出了确定语用学范围的四条标准：1. 是否考虑了说者或听者；2. 是否考虑了说者的意图或听者的解释；3. 是否考虑了语境；4. 是否考虑了通过使用语言而施行的那种行为或行动。他说：“如果对这些问题的回答有一个或一个以上是肯定的，就有理由认为我们是在讨论语用学。”[③]利奇说的四条标准，从我们的理解来看，都可以说是语境问题。所以说，语用学所研究是语境中的意义。

语用学研究在特定的交际语境中，说写者如何运用话语准确地表达自己的思想感情，从而实现自己的意图；而听读者又如何准确地理解说写者所表达的思想感情及其话语背后的意图。语用逻辑则是对语用学所关注问题背后的推理和论证形

① R. Fasold, *The Sociolinguistics of Language*, Oxford: Blackwell, 1993. p.119.
② 熊学亮：《认知语用学》，上海外语教育出版社，2000 年，第 162 页。
③ 利奇：《语义学》，李瑞华等译，上海外语教育出版社，1987 年，第 455 页。

式的研究。有学者就指出,语用逻辑是一个从语用维度来研究推理或论证的分析、评价,甚至建构的逻辑学分支,以有别于从语义和语形维度来研究推理或论证的分析与评价的形式逻辑,但语用逻辑本质上属于逻辑学与语言学的交叉研究领域[①]。

在语用学的讨论中,语境、言语行为等概念都具有很强的模糊性、动态性和不确定性。语用逻辑中,可接受性代替了绝对的真值,同样使其拥有了这些特性。这也导致了语用学与语用逻辑很难有一个明确的定义,其讨论内容的涉及面非常广泛。周礼全先生认为,逻辑是正确思维和成功交际的理论。沟通的窍门,便是在特定的语用环境中正确思考和成功交际。我们编写本书的基本设想是,将语用逻辑的观念、思路、方法与现实生活的具体实践结合起来,从日常沟通的实例出发,考察其背后的语用逻辑应用规律。我们希望本书更多从语用逻辑的应用视角出发,以尽量通俗易懂的方式,重新解读语言沟通这一贯穿人类发展的重要命题,引导一个不一样的思维角度,帮助读者通过遵循一定的语用逻辑准则和方法来实现有效沟通。

身处当今这样一个数字化、智能化的时代,信息技术和认知科学正飞速改变着人们的生产和生活方式,也改变着人们沟通的内容和形式。互联网、大数据、云计算、区块链,尤其是最

① 熊明辉:《语用逻辑的研究路径及其发展方向》,《中国社会科学》,2020 年第 8 期,第 24—46 页、第 204—205 页。

近特别红火的 ChatGPT 这一款人工智能聊天程序，为人类创造了新的生活场景和沟通场景，新环境产生了新问题，新机遇带来了新挑战。人与人、人与机器的沟通都被赋予了新的形式和内涵，如何适应变化巨大的沟通环境，如何更好地应对不同的沟通场景，就需要追问其底层的思维规律和准则。我们从语用逻辑应用的视角来解读沟通模式，结合语境分析、修辞策略、言语行为等重要话题，对日常生活的沟通图景进行解析，目的是一窥这些丰富的沟通方法和策略背后的基本逻辑，或许这也能成为提升人们表达与理解能力的起点。

沟通是一门精妙的艺术，也是高深的学问。本书涉及的语境、言语行为、预设、会话含义等内容，是语用逻辑与语用学一直以来十分关注的问题，无论在理论层面，还是在应用领域，都有着巨大的研究价值和探讨空间。考虑到本书通俗读物的定位，我们也仅仅是以一种浅显的方式做些介绍，希望抛砖引玉，引起读者思考，欢迎大家共同参与研讨。

在编写这本通俗读物时，我们引用了国内外学者大量的研究成果和相关案例（我们在参考文献部分做了列举，但没有在正文里一一具体标注），在此谨向这些作者和出版单位表示诚挚的感谢！

参考文献

[1] 昂苏尔·玛阿里:《卡布斯教诲录》,张晖译,商务印书馆,2001 年。

[2] 别利亚耶夫、诺维科娃、托尔斯特赫:《美学词典》,汤侠生等译,东方出版社,1993 年。

[3] 卡尔·马克思:《马列主义经典作家文库著作单行本:1844 年经济学哲学手稿》,中共中央马克思恩格斯列宁斯大林著作编译局译,人民出版社,2014 年。

[4] 卡耐基:《会表达的女人最优雅》,李劲译,古吴轩出版社,2016 年。

[5] 曹雪芹、高鹗:《红楼梦》,中华书局,2009 年。

[6] 陈宗明:《陈宗明文集》,中国社会科学出版社,2017 年。

[7] 陈宗明:《汉语逻辑概论》,人民出版社,1993 年。

[8] 陈宗明:《中国语用学思想》,浙江教育出版社,1997 年。

[9] 陈汝东:《论修辞的社会心理原则》,《北京大学学报

(哲学社会科学版)》1997 年第 1 期,第 108—115 页。

[10] 陈望道:《修辞学发凡》,复旦大学出版社,2012 年。

[11] 陈晓芬译注:《论语》,中华书局,2016 年。

[12] 菲利普·弗兰克:《爱因斯坦传》,吴碧宇、李梦蕾译,长江文艺出版社,2016 年。

[13] 郭丹、程小青、李彬源译注:《左传》,中华书局,2016 年。

[14] 郭飞、盛晓明:《专家信任的危机与重塑》,《科学学研究》2016 年第 8 期,第 1131—1136 页。

[15] 赫伯·特鲁:《论幽默》,程永富、王刚译,成都科技大学出版社,1988 年。

[16] 黄华新、张则幸、徐慈华:《逻辑学导论(第三版)》,浙江大学出版社,2021 年。

[17] 黄华新、陈宗明:《描述语用学(修订版)》,浙江大学出版社,2022 年。

[18] 黄华新、陈宗明:《符号学导论》,东方出版中心,2016 年。

[19] 黄华新:《认知科学视域中隐喻的表达与理解》,《中国社会科学》2020 年第 5 期,第 48—64 页。

[20] 黄华新、马继伟:《符号学视域中的博弈"聚点"分析》,《浙江社会科学》2019 年第 5 期,第 105—110 页、第

159 页。

［21］ 杰勒德·尼伦伯格、亨利·卡莱罗：《谈判的艺术》，陈琛、许皓皓译，新世界出版社，2012 年。

［22］ 李江：《说服的技巧》，辽宁人民出版社，1990 年。

［23］ 林语堂：《生活的艺术》，越裔译，湖南文艺出版社，2016 年。

［24］ 刘安：《淮南子注》，高诱注，上海书店出版社，1986 年。

［25］ 陆玖译注：《吕氏春秋》，中华书局，2011 年。

［26］ 鲁迅：《鲁迅全集》，人民文学出版社，2017 年。

［27］ 罗伯特·西奥迪尼：《影响力》，陈叙译，中国人民大学出版社，2006 年。

［28］ 罗贯中：《三国演义》，中华书局，2005 年。

［29］ 罗纳德·B. 阿德勒、拉塞尔·F. 普罗科特：《沟通的艺术》，黄素菲等译，北京联合出版公司，2017 年。

［30］ 罗念生：《亚理斯多德〈诗学〉〈修辞学〉》，上海人民出版社，2016 年。

［31］ 马克西姆·高尔基：《论文学》，孟昌等译，人民文学出版社，1978 年。

［32］ 马歇尔·卢森堡：《非暴力沟通》，阮胤华译，华夏出版社，2009 年。

［33］ 马宗霍：《书林藻鉴 书林记事》，文物出版社，2015 年。

[34] 毛泽东:《毛泽东选集(第三卷)》,人民出版社,1991 年。

[35] 缪文远译注:《战国策》,中华书局,2012 年。

[36] 彭兰:《从依赖“传媒”到依赖“人媒”——社会化媒体时代的营销变革》,《杭州师范大学学报》2015 年第 5 期。

[37] 彭兰:《表情包: 密码、标签与面具》,《西安交通大学学报(社会科学版)》2019 年第 1 期,第 104—110 页。

[38] 皮尔斯:《皮尔斯: 论符号》,赵星植译,四川大学出版社,2014 年。

[39] 让-雅克 · 卢梭:《爱弥儿》,商务印书馆,1978 年。

[40] 邵敬敏:《现代汉语通论》,上海教育出版社,2017 年。

[41] 寿剑刚:《闲思杂忆》,浙江人民出版社,2022 年。

[42] 唐钺:《修辞格》,商务印书馆,1923 年。

[43] 脱不花:《沟通的方法》,新星出版社,2021 年。

[44] 王世舜译注:《尚书》,中华书局,2011 年。

[45] 王希杰:《汉语修辞学》,商务印书馆,2004 年。

[46] 王维贤、李先焜、陈宗明:《语言逻辑引论》,湖北教育出版社,1989 年。

[47] 未希:《漫画大师丁聪的爱妻守则》,《现代阅读》2013 年第 12 期,第 1 页。

[48] 欣然:《当代中外幽默大全》,能源出版社,1989 年。

[49] 许富宏译注:《鬼谷子》,中华书局,2019 年。

[50] 徐盛桓:《聚合和组合》,《外语教学》1983 年第 3 期,第 12—21 页。

[51] 亚里士多德:《工具论》,余纪元等译,中国人民大学出版社,2003 年。

[52] 杨魁:《消费主义文化的符号化特征与大众传播》,《兰州大学学报》2003 年第 1 期,第 63—67 页。

[53] 杨信彰:《语言学概论》,高等教育出版社,2005 年。

[54] 赵树理:《李有才板话》,人民文学出版社,2001 年。

[55] 赵元任:《汉语口语语法》,商务印书馆,1968 年。

[56] 周礼全:《逻辑:正确思维和有效交际的理论》,人民出版社,1994 年。

[57] J. L. Austin, *How to Do Things with Words*. Oxford University Press, 1962.

[58] R. Barthes, *Elements of Semiology* (trans. Annette Lavers & Colin Smith). London: Jonathan Cape, 1967.

[59] S. C. Levinson, *Pragematics*.Cambridge Un.Pr, 1983.

[60] A. H. Maslow, *A Theory of Human Motivation*. Psychological Review, 1943(50): 370 - 396.

[61] J. D. McCawley, *Everything that Linguists have Always Wanted to Know about Logic*.Chicage Un. Pr, 1993.

[62] I. A. Richards, *The Philosophy of Rhetoric*. Oxford University Press, 1936.

[63] H. Sacks, Schegloff, E. A. & Jefferson, G. *A Simplest Systematics For the organization of Turn-Taking for Conversation*, Language, 50: 696 – 735, 1974.

[64] D. Sperber, & Wilson, D. *Relevance: Communication and Cognition*. Blackwell, 1995.